Viver *sem* crise

OLGA CURADO

Viver *sem* crise

Diretor editorial: Pascoal Soto
Editora executiva: Tainã Bispo
Coordenação editorial externa: Taís Gasparetti
Preparação: Taís Gasparetti
Revisão: Alexander Barutti Azevedo Siqueira
Projeto gráfico e diagramação: Ana Dobón
Capa: Maria Manuel Lacerda
Foto da autora: Ricardo Miyajima

DADOS INTERNACIONAIS DE CATALOGAÇÃO NA PUBLICAÇÃO (CIP-BRASIL)
Angélica Ilacqua CRB-8/7057

Curado, Olga
Viver sem crise / Olga Curado. – São Paulo : LeYa, 2013.
192 p.

ISBN 978-85-8044-738-5

1. Autoajuda 2. Autorrealização (Psicologia) 3. Superação I. Título

13-0038 CDD 158.1

2013

Texto Editores Ltda.
[Uma editora do grupo LeYa]
Rua Desembargador Paulo Passaláqua, 86
01248-010 – Pacaembu – São Paulo – SP
www.leya.com

Para Camila, minha filha,
Olga, minha mãe, e
Doriocan, meu pai (in memoriam).

Agradecimentos

Agradeço aos meus colegas de treino, àqueles que generosamente compartilham comigo o tatame de Aikidô.

Agradeço às pessoas que confiaram em mim em seus momentos difíceis e me permitiram ajudá-las.

Agradeço à minha equipe na Curado & Associados, gentis e dedicados companheiros que me permitem voar e se dispõem a vir junto.

Agradeço a tantos mestres que a vida colocou no meu caminho – as minhas dificuldades e insucessos. Fizeram-me mais atenta e disposta.

Homenagem

Este livro é uma homenagem e um agradecimento.

Homenageio e agradeço ao Ono Sensei, meu mestre de Aikidô. A ele devo a minha limitada compreensão do sentido da Unidade e o meu despertar na busca pela energia vital. Foi ele quem me apresentou o Ki, a força interna que nos molda e nos conduz, queiramos ou não, estejamos conscientes ou não.

No tatame, guiada pela sabedoria do Ono Sensei, intuí mensagens codificadas nos *katas* (golpes) pelo mestre Mohirei Ueshiba, fundador do Aikidô – a quem reverencio profundamente –, que estão contidas neste livro.

Sei que não é apenas no tatame, na prática do Aikidô, que estão as respostas para nos atender nas crises, nas dificuldades. São inúmeros os caminhos. Cada qual é uma resposta a um momento, adequada a uma personalidade.

Nas experiências de movimento do meu corpo, mais do que do meu entendimento intelectual, descobri que, assim como nos movemos no tatame, nos movimentamos pela vida; assim como nos expomos às desventuras e nos machucamos no tatame, nos perdemos em armadilhas criadas por nós mesmos no nosso dia a dia. Nos gestos desnecessários ou sovinas com que treinamos no tatame revelamos a real intenção que muitas vezes tentamos esconder nas palavras que controlamos.

Na minha homenagem ao Ono Sensei incluo a Daisy Yanomine, sua esposa. Nela está a força estruturante que estabiliza o nosso *dojô* (academia) e assegura as condições para o nosso treino.

A beleza e a harmonia que se traduzem também em alegria requerem dedicação e zelo. E que o tempo de treino é o tempo da vida. Assim é no tatame, assim é na vida. Ono Sensei: "*Domo arigatô gozai mastá*!" (muito obrigada!).

Índice

Introdução

Este livro é um guia de viagem para uma jornada sem solavancos, cujo destino é a vida. A minha pretensão é oferecer ao viajante um método para ajudá-lo na escolha sobre como viajar.

Não vou tentar olhar da perspectiva do porquê as coisas acontecem. As coisas acontecem. Não vou tentar olhar como as coisas deveriam ser. Elas são como são.

Para realizar a viagem sem sobressaltos, é importante saber que a estrada não é sempre plana e aceitar isso. É um fato.

Para viajar com conforto, é preciso saber:

1. Não controlo as circunstâncias, não controlo as outras pessoas – o meu espaço de controle está apenas em mim.
2. Os acontecimentos contêm mistérios – não terei todas as respostas para o que se passa. Há coisas na minha vida que nunca vou saber porque são como são.
3. A maneira como os acontecimentos me afetam depende de mim, ou seja, o impacto deles na minha vida depende do significado que dou a eles.
4. As escolhas que fazemos e que nos trazem felicidade são feitas quando desenvolvemos e treinamos habilidades em escolher.

A viagem da vida é uma ventura: com aventuras e desventuras.

As aventuras são os momentos de conquista em que superamos os obstáculos. Quando passamos na prova, quando ganhamos a promoção, quando nasce o nosso filho, quando compramos a casa ou o vestido novo. São trivialidades da nossa rotina – cheguei na hora certa, consegui uma boa poltrona no cinema, consegui uma boa oferta na venda do meu carro. São os acertos, as realizações, os sucessos.

As desventuras são aqueles momentos em que sentimos medo, ansiedade, raiva, desespero, tristeza. São as perdas, as incertezas, as ameaças.

A nossa história pessoal é o relato sobre o percurso de um caminho, o nosso caminho, a nossa vida, a soma de todos os acontecimentos ao longo do trajeto. A nossa história é principalmente a maneira como narramos a nossa viagem.

A narrativa da nossa história revela como vivemos os acontecimentos. E a maneira como os experimentamos é de nossa escolha. Podemos deliberar como lidar com os eventos desde que nos preparemos para isso. Mas não podemos nos planejar para definir os acontecimentos.

A vida possui os seus mistérios e ela, sem nos consultar, por si escolhe voluntariosa o que irá se passar ao longo da nossa viagem, no percurso do nosso caminho.

Como viajar? Como nos preparar? O que levar? O método é um facilitador que nos ajuda a nos organizar. Este livro traz um método. O que me credencia? A minha experiência, a reflexão sobre ela e os resultados obtidos com essa prática.

O método surgiu da experiência e da investigação por respostas a situações de crise. Como profissional da área de comunicação – sou jornalista –, lidei com o circunstancial, a notícia, traduzindo, numa linguagem acessível aos diversos públicos, os fatos. Como executiva e "treinadora" de talentos, agi como facilitadora para que as pessoas encontrassem as próprias respostas e construíssem as suas histórias.

Descobri nesse processo um talento em mim, que as crises dos outros me revelaram: a habilidade em lidar com situações difíceis, com limites. Podia, como o observador do jogo de cartas, ver as jogadas adiante, sem me comprometer com julgamentos ou opiniões quanto ao que deveria ser o melhor movimento. Era mais que análise, era intuição clara sobre o que seria o movimento correto.

Quando, em 2001, houve a quebra da Enron, a grande corporação americana de energia que ficou famosa por crimes contábeis de bilhões de dólares, eu estava recém-saída da Rede Globo de Televisão, onde trabalhara durante quase 15 anos, e fui procurada por um executivo de uma agência de comunicação para fazer o "gerenciamento da crise da Enron no Brasil". Foi uma surpresa. Não sabia então o que era a Enron no Brasil e tampouco do que se tratava um gerenciamento de crise. Ouvi, na ocasião, que eu sabia sim, porque, na minha história profissional, tinha feito isso várias vezes. Fazia sem ser profissional no assunto, como parte da minha atividade diária e não contratada para gerenciar crise. Agora, fazia isso profissionalmente pela primeira vez.

Além de repórter, fui executiva de empresas jornalísticas.

Olhando para trás, na minha trajetória por diversos veículos de comunicação, reconheci que estive sempre na função de lidar com mudanças, reestruturações, demissões. O meu papel era reorganizar, redefinir processos, demitir e contratar pessoas. E também tinha a responsabilidade – passando pelo jornal *O Globo* e, posteriormente, pela Rede Globo – de definir estruturas de equipes, de modelar procedimentos de apuração de notícia, de montar sistemas produtivos. Lembrei-me de ter organizado um modelo para a cobertura dos desfiles de Carnaval, de redesenhar as relações entre fornecedores de alimentação, de montar escalas para os jornalistas, de negociar com a Liga das Escolas de Samba.

Nesse último papel, agi determinada pela vontade de formar não apenas profissionais, mas de formar pessoas. Com que alegria podia observar o fortalecimento de cada um, na sua força e vocação.

Testemunhei dezenas desses processos. Jovens repórteres que chegavam cheios de talento e de sonhos, mas inseguros e que precisavam apenas de algum direcionamento e de confiança. Muitos deles estão por aí, famosos e reconhecidos.

Estive sempre empenhada em olhar além do aparente. Colocava-me aberta ao desconhecido. Sabia que para percorrer um caminho é preciso antes criá-lo. Quando estou disponível para o desconhecido, permito o surgimento do novo, do transformador. Mesmo que isso signifique sentir medo, entusiasmo, tristeza, alegria, raiva, surpreender-se, agredir, tentar fugir, ficar diante de riscos dispensáveis ou sofrer desnecessariamente.

O aprendizado é um processo contínuo, resultado de dedicação e concentração, e aparece na maneira como agimos, nas nossas estratégias de sobrevivência.

Aprendi, na prática, a contornar obstáculos, distrair as feras, acelerar o passo, parar. Sei agora, por exemplo, que não posso fazer com que o executivo que tem medo de falar em público seja treinado em algumas horas para discursar diante da plateia crítica. Antes disso, ele terá de compreender onde está a trava da sua fala. Será preciso se familiarizar com a própria imagem projetada em vídeo e olhar de perto o próprio rosto refletido no espelho, encarar os detalhes do seu rosto, as suas rugas. Será preciso ouvir a sua voz gravada e estranhar-se. E só então subir ao palco, consciente do seu corpo, da sua voz, do seu rosto. Isso pode ser feito num instante, depende de a pessoa estar, de fato, disposta a olhar.

E cada um exige uma prescrição diferente.

Para encontrar a resposta que serve ao momento é preciso estar presente, fincada ao chão, mas com a cabeça nas estrelas. Aprendi com as palmeiras do deserto que o *tuareg* cultua. Determinada, esperei, agitada, aquietei, silenciosa, gritei com a força da minha alma e o silêncio do tempo se rompeu.

Num ato quase mágico, conivente com a vida, enxerguei o rumo. Ela apontava para o meu peito, o meu norte, no meu coração.

As palavras do mestre – da vida! Olha aí, recebe e entrega. Eram palavras que apareciam como se fossem códigos, cujos significados eu não compreendia. Era preciso que eu me esforçasse. O segredo não se deixa desvendar facilmente.

Numa série de eventos cujo elo foi estabelecido por sonhos, cheguei ao tatame de Aikidô. Sem que em qualquer momento da vida tivesse me orientado na pesquisa das artes marciais – aí a minha curiosidade não tinha chegado –, entrei no *dojô* (local do treino) e estava em casa. Durante anos a execução do mais básico *kata* – o golpe – era para mim uma incógnita absoluta. Nunca fui daqueles praticantes que aprendem de pronto. Ao contrário, o treino sempre me exigiu empenho e dedicação para que eu tivesse algum resultado. Aprendi aí a importância da atenção, da prontidão, da posição correta, da distância, da velocidade, dos limites e, junto com eles, das possibilidades. Incontáveis possibilidades.

Os ensinamentos de profunda sabedoria e codificados numa linguagem de corpo, organizada em movimentos simbolizados por golpes, contêm as dimensões das grandes tradições iniciáticas.

O Aikidô é uma arte marcial cujo termo descreve uma filosofia. *Ai* é harmonia, adaptação, comunicação; Ki é energia vital, a fonte de vida; e *Do* significa caminho, método. No Aikidô não há competição. A sua prática visa o equilíbrio, o autocontrole do indivíduo e o reconhecimento de que a grande batalha consagrada ao deus Marte era, e sempre fora, a batalha para a realização do autodesenvolvimento. É a Arte da Paz.

Para mim, em cada treino, a sabedoria oculta dos movimentos ia se revelando impassível à minha perplexidade e confusão. Descobri que não tinha domínio do meu próprio corpo. Os movimentos que imaginava realizar mentalmente não aconteciam na prática. O corpo não obedecia. Não porque eu tivesse alguma limitação física, ao contrário. O meu desafio era enxergar o próprio movimento, como ele acontecia. A cada nova e minúscula compreensão surgiam *insights*. A arte não me pertencia. Fui conduzida a um caminho que só enxergava a cada novo passo. Não havia um horizonte preciso, não havia um destino claro.

Apenas percebi a presença no ponto mais indevassável da minha alma de um espírito que compartilhava um mistério, que se conectava, em silêncio, com uma sabedoria que não era minha, mas que estava disponível na Vida. E eu me deixei ser parte desse silêncio para ouvir as suas palavras trazidas do tempo em que não há tempo.

Menos teoria; era preciso praticar.

Para desenvolver habilidades é preciso treinar. Aprendo a tocar piano tocando piano. Mas isso não faz de mim uma pianista. Dominando técnicas, não me torno uma pianista. É preciso mais: contagiar os que me escutam tocar. Mas, carismática e enérgica, ainda não serei uma pianista. Mais um passo. O que é para mim a música? Como ela chega a mim? Ao lhe dar um sentido, eu a vivo em mim, eu me deixo possuir por ela. Sou a sua expressão involuntária. Sou música.

Pela análise e compreensão das pautas, não serei uma pianista. Eu o serei pela minha rendição à música, pela entrega generosa à sua vibração.

Aprendi que na entrega é fundamental contar com o imponderável, com destemor. Abrir mão do controle. Foi assim que autorizei o surgimento através de mim de um novo caminho. Pressenti a força de algum furacão que procurava o seu destino e o deixei me ocupar.

Surgiam recorrentes, no dia a dia, as questões básicas e essenciais, o drama do sentido da vida. Procurei ajuda no budismo, na leitura de textos importantes e nas práticas conduzidas por mestres generosos no rumo do autoconhecimento. Nada que me imporia a fé absoluta, ao contrário, que me atiçaria ainda mais à busca. Mas passei a confiar que só é possível lidar com as coisas no próprio acontecimento.

Aprendi que o julgamento nas relações humanas é limitado pelo que sabemos, e sabemos muito pouco. Que a aceitação é o único recurso de que dispomos para agir no tempo, no local e na velocidade corretos.

Reconheci possuir o talento do general: de enxergar os desafios e responder a eles. De estar pronta. Permanecer atenta. Frente a frente com as adversidades, sem qualquer intuito sacrificial, e sim tendo em vista as respostas necessárias para a saída honrosa de uma vida justa.

Como jornalista, aprendi um pouco sobre o que dizer e como dizer, sobre o poder das mídias e das peculiaridades dos públicos; como estudante de psicologia, analisei os fundamentos da psicologia transpessoal e sistêmica; como investigadora de filosofia, tentei conhecer a origem e a cessação do sofrimento por meio da visão dos iluminados budistas. Tive a sorte de participar de longas sessões de ensinamentos conduzidas por Sua Santidade Dalai Lama, e também de retiros transformadores.

No tatame, orientada pelo Ono Sensei, venho descobrindo como os movimentos do meu corpo podem expressar todos esses conhecimentos e induzir a minha mente a quebrar padrões de comportamento automáticos e como buscar novos paradigmas.

Não é possível condensar numa única resposta todas as abordagens que visam apoiar o fortalecimento do indivíduo e das organizações dentro de uma perspectiva pacífica e harmoniosa. Cada tradição, cada cultura, cada ser busca e pode encontrar os seus unguentos. Todavia, creio que há experiências e conhecimentos que transcendem visões pessoais ou culturais; são universais. As experiências da dor, do amor, da alegria são parte da natureza de todos nós. Como lidamos com esses momentos são escolhas – conscientes ou não.

E essas escolhas são condicionadas, como num círculo vicioso, pelas mesmas experiências. Romper os liames dessa roda escravizante exige mais do que determinação individual, reivindica apoio externo, como uma boia lançada ao náufrago. De posse da boia, cada um decide como nadar. Encontrei a minha boia no método que compartilho. Espero que sirva a outros tantos náufragos como eu.

Parte I

A VIAGEM

1. O tripé essencial

Recebo uma ligação no meu celular, em meio a um engarrafamento descomunal, típico dos fins de tarde em São Paulo, na marginal do rio Pinheiros. Era um executivo de uma grande empresa aérea. Um dos seus aviões, com mais de cem pessoas a bordo, acabara de cair. Uma crise. Se eu podia ajudar?

Era a repetição num contexto dramático da pergunta que eu já me acostumara a ouvir. E agora? O que fazer? O que dizer?

A indagação de alguém – um líder, um chefe, um político, um empresário, um conhecido – que revela perplexidade diante de uma situação embaraçosa, difícil, ameaçadora. E também mostra o medo, a paralisia, a confusão e a dificuldade para agir num momento em que as próprias forças parecem escassas, os meios costumeiros, inadequados, os amigos, os parentes e os colaboradores, insuficientes.

É nesse momento que escuto a palavra crise. É a experiência da impotência, do estupor, da ruptura, da ameaça ao que se tem e ao que se é, seja como indivíduo, família, empresa ou projeto político.

No momento em que identificamos e estamos vivendo uma crise imediatamente, num movimento automático e inconsciente, nos colocamos no papel da vítima. Algo acontece contra mim. O avião que cai é um desastre que me atinge. Isso tira o meu norte.

A crise transmite e potencializa uma sensação de perda. A perda desperta o medo, o medo desperta e alimenta a raiva, a raiva produz o gesto impulsivo e destruidor e, quando ele se esgota, geralmente em si mesmo, num delírio de agonia e de busca de culpados, o medo reassume o comando, trazendo o pânico, que congela, petrifica e nos deixa sem ação.

São cenários que vivemos e construímos a cada dia. De maneira desleixada, ignorando os sinais que antecipam a tempestade. E quando ela chega, surpreende, pela força, pela impiedade. A tempestade não se condói dos incautos que a desprezam e a negam.

A palavra crise também significa tomada de decisão. É o momento crítico em que é preciso fazer uma escolha. Queiramos ou não. É uma situação nova que não admite ser ignorada.

Como nos preparar para as tempestades, para os terremotos, para as mudanças de estação, para o inevitável? Aceitando o que vem, recebendo os que chegam, com pés no chão. Adaptando-nos.

De que maneira? Mantenho ajustado o meu centro, atenta ao meu foco, que é o propósito que escolhi para direcionar a minha vida; equilibro-me no meu eixo, harmonizando-me às circunstâncias; conecto-me à minha base, que me mantém em permanente contato com a realidade.

Base, centro e eixo. Esse é o tripé que nos permite, a mim e a você, Viver Sem Crise.

Em primeiro lugar, estabeleço a base, fincando-me no meu conhecimento da situação. Como o pianista em formação, aprendo sobre a partitura, as notas, a pauta e pratico. Isso me dá a base. O princípio.

Em segundo lugar, reconheço o meu centro – dou significado à situação, ao fato, à experiência. É importante despersonalizar o acontecimento. O sol não brilha por minha causa. Coisas acontecem. Deixo de ficar na posição da vítima, acolho o que se passa, sem avaliar.

Em terceiro lugar, faço o movimento utilizando o meu eixo, que está amarrado na minha base e no meu centro. Posso olhar a situação de diversos ângulos.

O avião caiu – o fato. Em que condições voava, como estavam os equipamentos e a manutenção, a tripulação e as condições atmosféricas e de tráfego aéreo – a base?

A política da empresa para uma situação como essa – atendimento às vítimas, investigação dos fatos, transparência nas informações – é o centro.

As providências em andamento, os próximos passos, o processo de atualização das informações e de atendimento é o eixo.

O tripé é o apoio essencial para navegarmos.

Numa tempestade em alto-mar, o barco balança ao sabor das procelas. Dos céus ecoam trovões ensurdecedores, e lampejos clareiam a escuridão da noite precoce produzida por nuvens cinza chumbo.

Os ventos parecem vir de todos os lados. São uivos assustadores encapelando as águas e gelando o ar. O barco flutua.

E chega a manhã. Sobre as águas calmas não há sinais da tormenta, cardumes passeiam quase à superfície, nuvens desenham ovelhas e flores de todos os tipos, empurradas suavemente pela brisa. O sol clareia sem dó a imensidão. O barco flutua.

O barco flutua sob tempestades e na calmaria. Segue, sem esforço, sua viagem.

Essa é, para mim, a imagem de viver sem crise. Seguir, flutuando com lastro, a base, determinado a seguir – o centro, sobre a água, em tormentas e nas calmarias, mantendo o eixo. Assim, o barco flutua e ancora.

2. A ponte da comunicação

O telefone toca, atendo ou não?

Quando atendo eu me conecto com a pessoa que liga. Escuto e respondo; ouço e falo. Isso é o mais básico nas relações – estar conectado, em comunicação.

Posso não atender ao telefone. Ele toca até desligar. Eu não me conecto, eu não me comunico com a pessoa que liga.

A comunicação é um ato, é um gesto de abrir e entregar, de troca. Sem ela não é possível construir relações. A comunicação é a expressão dos movimentos da vida.

A comunicação realiza a conexão que garante as relações, os vínculos, as transformações.

Ela nos conecta com o outro e conosco. Quando expressamos para sermos ouvidos, pelo outro estruturamos as relações. Falando com nós mesmos, meditamos, oramos, unimo-nos à nossa força interna.

A comunicação junta, une. Essa interdependência inevitável nos fortalece, eliminando o isolamento, a solidão, o grito sem resposta.

É pela comunicação que damos e recebemos, que nos expressamos e somos atendidos, que ouvimos e escutamos, que olhamos e vemos, nós, o outro, o nosso microuniverso e as margens sem limites do grande oceano da vida.

A comunicação é a ponte que nos liga. Uma ponte possui alambrados. Se está construída sobre um precipício, eles são garantia de mais segurança na travessia.

Abrir-se em ingênua oferta é expor-se desnecessariamente a visitantes indesejados. Há, sim, muros necessários que nos resguardam, mas eles são construídos sobre pontes. E, se há muros que nos impedem de enxergar o horizonte, há muros que nos protegem dos intrusos. Quando falamos para ofender, criamos muros que dificultam as nossas relações com as pessoas; quando silenciamos se não temos algo que pode contribuir para melhorar a situação, o silêncio é o muro que nos protege.

Quando "sei tudo", elimino tudo o mais que poderia ser, as possibilidades que desconheço. Julgar, criticar, prescrever é próprio de quem "possui" a verdade. Assim é, momentaneamente, que os juízes deliberam, os críticos opinam e os médicos receitam. E também é assim que nas nossas conversas diárias tratamos o outro como réu. Definindo o certo e o errado. Rotulamos e demarcamos e desejamos que o outro aceite a nossa visão e o nosso interesse.

Assim surgem as desavenças, as guerras. Assim construímos os infernos. Foi pelo ir e vir que as barreiras insensatas foram sendo removidas. Em alguns momentos históricos foi preciso derrubá-las para que um povo reencontrasse a si mesmo.

Quando se insurgem, como se brotassem do nada, manifestações ruidosas de multidões muitas vezes violentas, quase inverossímeis, como assistimos na Primavera Árabe em 2011, quando as ruas de grandes cidades eram tomadas por milhares de pessoas em convulsão por democracia e justiça, nos perguntamos: de onde vem essa histérica frustração? Das barreiras, da continência obrigada ao silêncio.

No dia a dia podemos fazer com que o muro protetor do nosso espaço pessoal se transforme numa barreira que impede a conexão com as pessoas e com as circunstâncias. Isso acontece quando tenho opiniões definitivas. "Eu sei o que é melhor!" Ou, por outro lado, ignoro, silenciosamente, a presença do outro. Escuto como quem não olha, olho como quem não ouve, toco como quem não sente, falo como quem nada tem a trocar.

Quem nunca presenciou ou participou de encontros que são monólogos? De celular em punho, a moça, na mesa do restaurante ao meu lado, passou toda a refeição escrevendo mensagens de texto enquanto comia diante do... namorado? Noivo? Marido? E com ele não trocou uma só palavra.

Comunicar não é uma escolha, é uma vocação humana. Estruturar e utilizar a ponte da comunicação é parte da nossa humanidade. Fico perplexa na cena do restaurante – o que a moça falava sem parar nas mensagens de texto do seu celular, ostensivamente ignorando o homem que lhe fazia companhia, resignado diante dela, e, ao final, pagando a conta? Como irá explodir esse silêncio?

Quando nos comunicamos, expressamos o que sabemos, demonstrando o nosso equilíbrio mental, emocional e espiritual.

Ao falar, trazemos um conteúdo, a linguagem verbal, que reflete o nosso aprendizado intelectual, as nossas convicções, a nossa fé. Lidamos com a organização do pensamento e as regras da lógica. Somos uma cadeia de transmissão de informações selecionadas e formatadas. Tanto mais definido, claro, preciso o conhecimento, mais simples e fácil a sua expressão. Essa é a primeira condição que nos leva a nos comunicar.

É difícil falar a respeito do que não sabemos, o discurso fica confuso. Você sabe do que está falando? Pois bem, é essa a primeira exigência da comunicação consciente.

Não podemos esperar de quem não sabe o que dizer que o diga com segurança e clareza. Tanto mais experimentado e sábio o professor, mais naturalmente fluem os seus ensinamentos. Tanto mais empolado e repleto de jargões, tanto mais ignorante aquele que fala. Porque precisa calçar-se de inacessibilidade para não ser visto, na pretensão de ser ouvido. Precisa não ser compreendido, porque não tem a compreensão do que diz. Se o que ouve entender, pode perguntar, e a dúvida ficará sem resposta. O conhecimento não se esconde na complexidade, ele se revela na simplicidade da forma. É um exercício necessário falar e ser compreendido.

As grandes tradições filosóficas e religiosas nos ensinam que a precisão com que os ensinamentos são incorporados dependem de estar adequados aos ouvidos dos discípulos. Cristo ensinou com parábolas, utilizando as referências do dia a dia do pescador, do homem simples que o seguia. Todos os mestres contaram histórias a partir do cotidiano do seu tempo para transmitir conceitos profundos e transcendentais. Porque no simples, no direto, o difícil, o aparentemente inacessível se revela. Fale com simplicidade e será compreendido. Fale com simplicidade e será ouvido. Fale do cotidiano e será aceito.

A segunda qualidade da comunicação é a vitalidade, o vigor de quem comunica. A nossa saúde, o nosso bem-estar irradiam entusiasmo ou apatia. Toda palavra, todo conteúdo pode ser contaminado por uma dor qualquer, do estado físico ou psicológico. Um mal-estar do apresentador do projeto poderá arruinar a sua fala preparada com esmero para aquela reunião de diretoria. Por mais que se esforce, as palavras irão perder viço.

Devemos sim considerar que nossos limites físicos e psicológicos afetam visivelmente a nossa capacidade de expressar com entusiasmo. Eles transformam a nossa alegria – a emoção da comunicação – em apatia. E da inércia não brotam vínculos.

A boa saúde é uma das vigas da comunicação. Quando dormi o sono dos justos, comi e bebi como um sábio, exercitei-me obediente à natureza que condena a lassidão, terei o ânimo para falar e escutar. A vitalidade é a soma das horas de sono, de ingestão correta de alimentos, de práticas corporais que, por sua vez, pavimentam a nossa passagem para a terceiro elemento da ponte da comunicação: a atitude correta.

A atitude é o aspecto emocional da comunicação, ao final do processo ela faz a síntese das nossas mensagens, porque realiza a alquimia da mente e do corpo. O sentir se manifesta nos movimentos, quando falamos em silêncio. Essa ponte invisível conecta corações, numa linguagem própria e indizível. Nossos medos, nossas tristezas, nossas raivas são organizadas em um sistema natural, humano, revelador. Tudo contamos, sem nos dar conta das nossas revelações mais íntimas.

Quando sei o que comunicar – consciente do conteúdo –, em equilíbrio físico e psicológico, irei mais facilmente encontrar a atitude adequada, ela mesma estabelecida pelas minhas intenções e motivações. Também não posso prescindir da clara luz, do que me move, da consciência do que me estimula, da minha bússola, do meu porquê.

Expresso, em palavras e gestos, a minha base, o meu centro e o meu eixo. Se tento iludir ou negar, se tento fugir e me esconder, comprometo a estabilidade da ponte da comunicação. O que eu digo e o que eu faço ficam dissonantes, a minha mensagem se perde. Eu perco a conexão com a realidade – o que é – e crio as condições para que surja a crise.

3. Crise

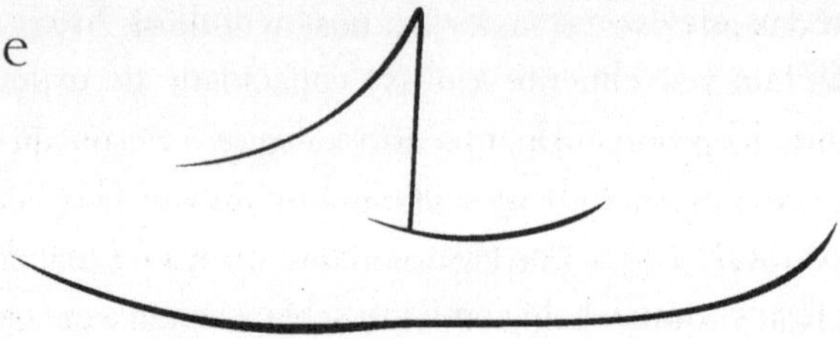

A atleta se preparou durante quatro anos para disputar a Olimpíada e, no dia da competição, escorregou bobamente e fraturou o tornozelo, ficou fora do jogo. O estudante se dedicou o ano todo para o vestibular e, no dia da prova, perdeu o ônibus e a prova. São momentos como esses que identificamos como crises, momentos que parecem um pesadelo. Tudo pelo o que lutamos e para o que nos dedicamos, num instante, num frágil e tolo minuto, rui.

A crise é a desconexão momentânea de quem sou, da posse do meu talento, da expressão do meu propósito, é um teste de atenção. Ela é sempre descrita como algo que surgiu inesperadamente, algo surpreendente e negativo, ou algo poderoso que interfere nos meus planos, nos meus desejos e na minha capacidade de responder. É como se eu me tornasse refém de um estranho e violento poder que estabelece, num ato de força, o que será o meu destino daí para frente. Um caminho que não sei qual será.

Como não pude ver o degrau que me fez tropeçar? Como pude me distrair com o horário do ônibus? Como não pude ver?

A crise é um momento de cegueira, um não enxergar o futuro, o futuro com o qual eu conto, que já estava escrito. Um futuro que aparece agora como uma impossibilidade, ameaçado. Na crise, sentimos uma sensação de ruptura, de fim de linha.

A ausência de futuro é a morte. A morte é o terror, porque é o impensável. A morte é o perder o chão, e perder o céu.

Essa sensação de morte é a máscara da crise.

De todas as crises, a maior é a ausência de si. Ficar diante da fatalidade.

A perda da própria vida. Quando ouvimos o diagnóstico médico inapelável, por exemplo. Experimentamos a nossa fragilidade diante do inexorável. Também experimentamos a ira e a decepção pela incapacidade do outro, da tecnologia, da ciência em reparar um dano que nos foi causado.

Ficamos diante do inevitável como a folha seca ao vento, como o abandonado. Nesse momento perdemos toda a capacidade de escolher uma direção, de nos dirigir por nossa vontade. A crise é a execução de uma sentença proferida por um juiz distante e irrecorrível. E então, sem a nossa força, perdemos nossas crenças e nossos desejos, perdemos também o juízo. É como se diante de nós surgisse uma muralha nos impedindo de seguir, ao mesmo tempo em que bloqueia as possibilidades, o sol, a estrela-guia. A surpresa advém do choque, do inesperado, do novo, que passa a nos ocupar inteiramente, deixando-nos imóveis.

À perplexidade, à surpresa, segue a impotência. Uma sensação de vulnerabilidade que pode nos arrastar à condição de vítima. A vítima da ira divina, a vítima das circunstâncias, da incompreensão, do trânsito. Como vítimas, abandonamos o nosso papel de adultos e nos infantilizamos. Como vítimas, geramos os vilões aos quais atribuímos o poder de nos colocar nessa situação. Deus é o vilão! O chefe é o vilão! Os pais são a encarnação da vilania! Como vítimas, ansiamos pelo resgate do herói. Fantasiamos a magia das soluções sem esforço e nos expomos.

Nada podemos fazer, agora que as coisas são assim. Encontramos o pretexto para viver em crise. Afinal, como vítimas, merecemos ajuda e misericórdia. Sentimos nós mesmos pena da nossa carga e a apontamos para os que passam: vejam como sofro!

Ficamos estáticos e discursivos. Explicamos, analisamos e tentamos justificar, sem buscar compreender, sem olhar as informações. Cada uma das nossas palavras tem como objetivo diminuir a nossa responsabilidade e clamar contra a ira dos deuses. Sim, somos a vítima incauta e inocente dos desígnios maléficos dos entes absurdos. Sim, somos o bom incompreendido, o dedicado não reconhecido, o atento e comprometido ignorado. Vítima tremenda, estabeleço o parâmetro para o grande vilão, para o bandido cruel, que me inflige a dor terrível. Estou em crise, vítima da incompreensão, do abandono, da manipulação vingativa.

O papel de vítima é encenado com frequência quando somos demitidos de um emprego.

Ao longo de um período, recebemos os sinais de que não estamos atendendo às expectativas do chefe ou da empresa. Desconsideramos esses sinais alegando que as metas são ambiciosas demais, inexequíveis. Não recebemos as críticas, nós as ignoramos ou as rechaçamos. Não desconfiamos de que sejam um prenúncio.

No lugar de eu receber e dar significado a cada uma dessas informações que me incomodam, prefiro julgar o meu chefe, prescrever para a empresa, desvalorizar o que está sendo trazido. O chefe implica, a empresa está mal dirigida, as queixas são improcedentes.

Dar significado é receber sem julgar. Recebo a informação e me disponho a olhá-la: o que é isto? O que faço com isto? Onde coloco isto? Como posso usar isto?

Isso não significa que vou incorporar ou utilizar toda informação que eu recebo. Antes de descartar alguma coisa, preciso saber do que se trata. Isso é dar significado: de que se trata?

Julgar é escolher: isto é bom, isto é ruim, isto é certo, isto é errado. Antes de receber, tenho uma opinião e faço a seleção. Há coisas que têm aparência ruim, mas que são boas; há coisas boas com um jeito maltratado. Só vou saber do que se trata abrindo o pacote.

Mas sei que é ingênuo sempre esperar para ver o que tem dentro do pacote antes de nos livrarmos dele. Olho o remetente, apalpo a forma, colho as informações essenciais antes de me aventurar no simples acolhimento. Se eu não conheço o remetente, o pacote com aspecto de presente não é um presente. O *e-mail* com cumprimentos não é uma boa lembrança.

A mais segura maneira de receber algo é conhecer a origem. De onde chega a informação? "Abra apenas anexos de fontes confiáveis", diz o alerta *antispam*.

Quando a informação é oferecida a mim, eu a recebo e a utilizo, ou não.

Eu não posso brigar com a informação. Para abrir mão da informação, preciso compreendê-la. Se a previsão do tempo me diz que irá chover, eu posso escolher levar o guarda-chuva ou não. E, se chover, vou molhar-me se não levei o guarda-chuva. É uma escolha que também considera o risco de o serviço de meteorologia falhar.

Se eu não quero ouvir a previsão do tempo, não posso me queixar da chuva e me mostrar como vítima da tempestade.

Quando as circunstâncias que não controlamos, que estão fora de nós, mas que têm poder para influenciar os rumos da nossa vida, não são levadas em consideração, elas se impõem de maneira decisiva e imperativa. Nesse momento, produzem uma crise.

A crise é uma desconexão com a realidade. É viver a ilusão.

Toda crise é anunciada. O seu anúncio é feito por meio de informações que são desprezadas.

Porque eu tenho a imagem do que seria a realidade, não considero os fatos. Fico presa à minha leitura, à interpretação dos fatos, quando o mais simples seria apenas me situar a partir da descrição do que se passa.

Ao analisarmos o que está acontecendo, muitas vezes deixamos de apenas ver o que está ocorrendo para nos fixarmos em um modelo. Paralisamos.

A paralisia da análise é a busca de explicações para o que acontece. Uma etapa necessária para o aprendizado das experiências. Depois que os movimentos que estão desencadeando os fatos se completam. Se pararmos para analisar e buscar explicações enquanto a situação se desdobra, deixamos de agir quando a ação é necessária.

Imagine se o bombeiro, durante um incêndio, parasse diante das chamas e se perguntasse: por que isso está acontecendo? Quem terá sido o imprudente que provocou o fogo? Como isso poderia ser evitado?

São perguntas importantes, mas inócuas, inoportunas, nesse contexto.

Quando o fogo incendeia o prédio, a realidade é o fogo, o incêndio. A realidade não é o que eu gostaria que fosse, tampouco são as minhas opiniões acerca das pessoas que não tomam os cuidados necessários para evitar incêndios.

Sempre que eu paro para analisar, para justificar os fatos, eu ignoro o que está acontecendo.

O que acontece é mais poderoso do que a nossa capacidade de explicar, de buscar razões, de avaliar. O que acontece é o que precisa ser atendido. É o que nos guia.

4. Realidade

João acordou no meio da madrugada com barulhos de alguém tentando entrar dentro de sua casa. Pela janela, viu um vulto forçando a porta. Pegou um revólver e atirou contra a sombra. Correu até o local. Atirou no próprio filho. João pressupôs que o invasor era um ladrão.

A crise surge da ilusão. A ilusão é uma realidade criada. A ilusão dá valor, importância e significado a coisas e a situações, definindo a nossa maneira de agir.

Ficamos vulneráveis quando damos peso a coisas que não têm toda essa importância. Ou quando as interpretamos sem informações.

De repente, ter aquela promoção é a coisa que dá sentido a minha vida, passar naquele concurso, conquistar aquela moça... Então funciona assim: tudo isso ganha um poder enorme – e quando eu tenho tudo isso me sinto forte e poderoso – mas e se não tenho? Perco o sentido, fico infeliz.

Como posso estabelecer uma relação sem ilusões? Lidando com as coisas como elas são e não imaginando como seriam, ou como gostaríamos que fossem.

E como fazemos isso? Descrevendo os acontecimentos. Contando como as coisas estão acontecendo, no lugar de tentar entender, explicar, analisar porque as coisas estão acontecendo.

João ouve os ruídos. João se levanta, em silêncio, e acende a luz. Assim pode enxergar o que está acontecendo.

Quando elimino pressupostos e explicações, também deixo de lado as justificativas. Apenas acendo a luz, olho e faço o que quero fazer, dentro daquilo que posso fazer.

Saio na chuva, ou não; uso o guarda-chuva ou não tenho guarda-chuva. A chuva não é um problema, é um fato. Eu escolho fazer da chuva um problema. Eu crio o problema.

Se eu tenho um compromisso agora e não tenho guarda-chuva, isso não tem nada a ver com a chuva. Tem a ver comigo. Como vou lidar com a chuva? Reclamando dela? E o que tem a chuva com isso? Então quando eu me atraso eu digo: culpa da chuva. Por quê? A chuva apenas choveu. Eu não olhei para o céu antes de sair, eu não me preparei para o fato – a possibilidade da chuva.

A minha amiga Ângela me ligou para contar, contrafeita, que a sua irmã acabava de descobrir que estava com câncer. E que iria iniciar o tratamento assim que voltasse de uma viagem de férias que estava programada. Aparentemente o câncer podia esperar. Dois meses depois, iniciado o tratamento com quimioterapia, Ângela me conta que a irmã estava internada com pneumonia. Tinha feito uma sessão de quimioterapia e resolveu comemorar o aniversário num restaurante. Aparentemente o ar condicionado do local a afetou e ela ficou resfriada. Teria de recomeçar o tratamento, agora mais debilitada.

A irmã da minha amiga queria que as coisas fossem de uma determinada maneira. Como o desavisado que blasfema contra a chuva para justificar o seu atraso para o compromisso agendado, a irmã da minha amiga também faz de conta que não está doente.

Quando paro de descrever os acontecimentos, os fatos, pela interpretação deles, fico tentada a falar das coisas como eu gostaria que elas fossem ou simplesmente ignorando o que elas são, naquele momento: chove, estou doente. E assim começo a fabricar crises.

Se eu atravesso a rua sem olhar para os lados, porque "acredito" que não venham carros, e os carros vêm, corro o risco de ser atropelada.

Se eu agir movida pela ilusão, darei muitos passos em falso. Posso ainda me sustentar em bases frágeis.

Quando defino a minha realidade, ou seja, aquilo que define a minha relação com o mundo e com as pessoas, com base em coisas precárias, crio também minha realidade igualmente precária. Quando as minhas posses fazem parte da minha identidade, estou vulnerável às vulnerabilidades do que possuo. Então, eu me pergunto: quem sou eu sem o meu emprego? Quem sou eu sem o meu carro, a minha casa, os meus amigos? Quem sou eu sem os meus cabelos? Quem sou eu sem a minha conta no banco? Quem sou eu sem os meus filhos, sem o meu marido? Afinal, quem sou eu sem o que possuo? Essas posses nos definem e são parte de nós. Mas não são toda a nossa realidade. Porque, sem tudo isso, continuo sendo.

Portanto, temos ainda a opção de nos ligarmos a outros aspectos que sobrevivem além da destruição do que temos. É o que comanda quando nada mais existe. É a voz interna que dirige o pensamento, que sente a emoção e existe em transformação permanente.

O que comanda a criação da realidade é quem somos. E somos o resultado das escolhas possíveis. Dentro dessa autonomia – que respeita limites e mistérios –, estabelecemos as relações com as pessoas, com as coisas, com as circunstâncias, e criamos a realidade.

A realidade é o resultado de uma relação. Se não há relação, se não há contato, não existe uma "realidade". Um famoso *koan*, enigma para ensinamento do zen budismo, pergunta: *quando a árvore cai e não há ninguém para ouvi-la cair, tem ruído?* A própria existência do ruído precisa de alguém que o escute. O ruído só existe porque foi ouvido!

O grande desafio é criar uma realidade sem julgamento. Simplesmente ver a árvore cair é diferente de ter uma opinião a respeito da queda da árvore. Se tenho uma opinião a respeito da queda da árvore, olho o acontecimento a partir do que eu penso que é melhor. Deixo de enxergar o próprio acontecimento. Nesse caso, a minha relação será com o que eu penso e sinto sobre a árvore, e não com a árvore.

As nossas escolhas, na parte que nos pertence, são fruto das nossas experiências e do aprendizado que tivemos delas. Portanto, somos o que aprendemos. E aprendemos fazendo coisas e refletindo sobre o que fazemos. É assim que apuramos a nossa percepção e podemos escutar, ver, apalpar melhor os acontecimentos.

A minha realidade, aquilo que trago para minha vida, é criada a partir do que consigo perceber, de como eu percebo. E eu só percebo se tenho alguma experiência. A experiência é o conhecimento. Se eu não sei sobre as regras do jogo de vôlei, não percebo quando há falta e, para mim, o jogo é uma realidade diferente da que é para o juiz que o apita e que, naturalmente, conhece as regras do jogo.

Enquanto eu não souber da existência do Teorema de Pitágoras, ele não existe; enquanto eu não souber da tribo Ianomâmi, ela não existe.

A minha realidade é do tamanho da minha consciência, possui a extensão do que sei.

Mas a voz da lógica sussurra insistente que tudo existe, que a realidade é o que está aí, objetivamente, mesmo que eu desconheça a sua existência.

Respondo à lógica: a minha realidade é aquilo que incorporo à minha vida. É sobre essa realidade – aquilo que faz sentido, aquilo que tem significado para mim – que posso agir. Se não conheço, se não faz parte do meu existir, não existe! Simples assim. Não tenho como agir diante de algo se esse algo não existe!

É por causa disso que acabamos repetindo comportamentos, vivendo "dentro da caixa". Percebo o que conheço, não percebo o que não conheço. Novamente aquele círculo vicioso que explica por que é tão difícil mudar a nossa maneira de atuar.

O saber implica em ter consciência, ou seja, refletir sobre essa informação e dar a ela algum sentido. Se eu apenas "sei" que algo existe e não estabeleço nenhum peso a essa coisa para a minha vida, ela não importa, não existe.

Duas pessoas leem um mesmo livro, digamos, *Eram os deuses astronautas?*, de Erick von Däniken, escrito em 1968 e que trouxe a tese de que grandes obras da engenharia do passado, como as pirâmides do Egito, foram construídas com auxílio de tecnologia trazida por seres de outros planetas. Uma tese arrojada que, lida por pesquisadores que tem outras teorias, foi tratada como algo banal ou estapafúrdio. Mas um outro leitor viu ali a possibilidade de que a proposta do autor poderia ter algum fundamento e resolveu fazer mais pesquisas. Para o pesquisador cético, o livro de Däniken "não existe", para o leitor curioso, é uma nova maneira de ele passar a encarar a própria vida. É pela aceitação e valoração de algo que esse algo transforma a nossa vida.

Aí vem novamente a lógica e me diz: há coisas que não aceito, que ignoro, e mesmo assim elas têm influência na minha vida. Sim, se eu tenho uma doença, por exemplo, que não foi diagnosticada – portanto eu a desconheço –, ela atua em mim.

Sem dúvida, não há o que discutir. O ponto é como essa coisa que desconheço atua. A doença que não sei se tenho não faz parte da minha realidade – isso quer dizer: não atua! Mas esse fato faz parte da minha vida.

Isso mesmo! – a minha vida tem, teve e terá interferências, influências e fatos que não conheço e que atuam sobre ela. A minha vida é maior que a realidade que eu crio e que, portanto, posso gerenciar.

Olhar a vida reduzindo-a à realidade do que sei e sobre o que posso agir é negar a dimensão do mistério. E o mistério está aí, por todos os lados: por que o sol brilha? É um mistério, mas faz parte da minha vida. Como eu me protejo dos raios solares é a minha escolha, a minha realidade. A vida é o oceano, a realidade é como navego esse imenso mar.

Tenho o meu eu, interno, indivisível do meu Ser; tenho o meu eu externo, o que me cerca, também indivisível do meu Ser, as minhas circunstâncias. São dois universos: dois versos do mesmo poema. Do Ser.

Na minha relação com esses dois universos, tenho poderes distintos para agir, mas que só consigo definir e utilizar se me mantenho atenta e percebo o sentido de cada uma das informações dadas a mim, por esses dois mundos.

Toda informação contém uma mensagem, um sentido, um significado. Construo o meu caminho pela vida a partir do processamento dessas informações. É o peso, o significado que dou a cada uma delas, que dá coerência e consistência ao meu caminhar.

Todo o meu movimento é orientado pela minha capacidade de juntar as informações, de organizá-las e de selecioná-las. Elas nos contam como estamos indo, onde estamos indo.

As informações são a manifestação concreta da energia criadora e da energia destrutiva. A minha clareza em relação a cada uma dessas informações depende do propósito que dou à minha vida. Cada uma das informações que recebo e processo no contato entre o mundo exterior e o meu mundo interior gera um conhecimento que direciona as minhas ações.

A vida é uma espiral em contínuo movimento, na qual está contida a energia criadora e criativa. A energia da vida, a energia vital, o Ki, encerrando o mistério ao qual nos rendemos em alegre entrega para construir realidades cada vez maiores, fruto da ampliação da nossa própria consciência. Resultado da escuta generosa do que me cerca e dos sussurros da minha alma.

5. Paz ilusória

Acenda uma vela, deixe o ambiente apenas iluminado pela sua chama. Agora sente-se diante da vela, experimente fazer formas com os dedos e as palmas das mãos projetando as sombras na parede. Esse teatro de sombras é um exemplo de como criamos ilusões. Ficamos no escuro e tentamos ocultar a luz. Criamos formas e damos a elas significado.

A realidade é o que construo a partir do que sei, e pelo que penso que sei. Crio realidades irreais! É o pressuposto, a fantasia – como quando João atira sem olhar e fere o próprio filho, suposto bandido.

Quando a fantasia toma conta de nossa mente, deixamos de olhar o que está ao nosso redor e também o que se passa dentro de nós. Como no teatro de sombras, tudo parece ser o que imaginamos que seja. Entramos no universo lúdico que brinca com as nossas emoções e as nossas percepções. Mas, às vezes, de forma tão concreta que precisamos de uns safanões para sermos chamados à razão.

A razão também é dócil aos encantos da imaginação. Pode ser levada pela enxurrada de palavras bem ditas, malditas! Mas que criam, para nós, uma realidade indiscutível.

Nós nos tornamos um reflexo do que imaginamos, e assim também fazemos do outro uma fantasia. As doenças da imagem – anorexia, bulimia – são exemplos tristes dessa construção de uma imagem desligada do fato objetivo – quanto peso? A pessoa fica na interpretação. Eu me vejo no espelho e não me enxergo, porque não me aceito.

É pela ilusão do que gostaríamos, do que imaginamos, que podemos nos deixar guiar e junto dela seguimos reféns de nossos medos, congelando a nossa capacidade de enxergar. Podemos ser levados pelo comodismo, pela opinião fácil, pela sedução mais trivial. Depois nos perguntamos: como foi que eu não percebi? Como não notei que ele não se interessava por mim, como não vi a mentira? Como não enxerguei que esse negócio não tinha a menor chance de dar certo? Estava tudo lá, quando olho de trás para frente, mas eu simplesmente não vi.

Simples, não olhei. Simples, projetei minha vontade, meu temor e construí, com todos os argumentos e explicações, alguma coisa que é totalmente intangível, que existe apenas na minha imaginação.

Cada um de nós cria um *script* pessoal para realizar os contatos com o mundo que nos cerca, com cada uma das pessoas, para as quais também criamos um modelo de comportamento e expectativas.

Uma história clássica do budismo é a do lenhador que não encontrava o próprio machado, que usava para trabalhar. Procura aqui, procura ali, e nada! Nesse instante, ele se lembra do vizinho que o havia pedido emprestado e ele se recusara a emprestá-lo. "Ele não gostou nada de eu não emprestar o meu machado!", pensou. E, assim pensando, avistou o vizinho que naquele momento saía para trabalhar. Num lampejo pensou: "ele deve ter pegado o meu machado!". E, ainda olhando o vizinho que caminhava, observou: "ele age como se tivesse furtado o meu machado, o seu jeito de andar e de olhar é o jeito de um ladrão!".

Aquele pensamento foi se tornando muito forte e poderoso. Era uma certeza, então. O vizinho havia roubado o seu machado. Momentos mais tarde, era só o que tinha em mente: "aquele ladrão! Vou pegá-lo quando voltar para casa à noite. Ele vai ter de devolver o meu machado!". E assim o nosso lenhador passou o dia, remoendo uma vingança contra o vizinho. E, enquanto pensava, ia juntando todos os detalhes que cada vez mais deixavam claro que o vizinho lhe furtara o machado. "Ele ficou com raiva de mim, sei que sempre gostou do meu machado, ele o elogiava, pegava com gosto. Eu fui um tolo por não perceber que iria pegar o meu machado, do jeito que olhava para ele..."

Ao anoitecer, de volta do trabalho, ele se preparou para ir à casa do vizinho, mas, chegando em casa, foi recebido pela mulher: "homem, você foi trabalhar sem o seu machado? Você o deixou atrás da pilha de lenha...". Nesse instante chegava também o vizinho. O lenhador olhou novamente para ele, que caminhava vagarosamente. Em nada ele se parecia com um ladrão de machado!

Esse processo de autoenvenenamento é muito frequente e funciona como um mecanismo bastante eficiente de atração de problemas. Criamos uma ideia e sobre ela *construímos todos os argumentos. Com a nossa fantasia vamos elaborando a realidade para que ela se justifique e se sustente*.

A ilusão se desenvolve e cria raízes rapidamente, dando-nos as certezas de que precisamos para confirmar e fortalecer nossos medos e raivas.

Primeiro surge longinquamente como uma miragem, depois, no dia em que nos apegamos a ela, vai tomando conta da nossa mente e se torna central, não conseguimos nos livrar da suspeita, da dúvida, e finalmente da absoluta convicção de que aquela fantasia é, de fato, real.

Acompanhei um episódio bastante típico.

Nosso grupo de estudos passou a contar com uma jovem bonita e interessada. Ela se tornou a mais assídua e disciplinada entre todos os participantes. O coordenador, um professor especialíssimo e já idoso, foi imediatamente cativado por ela. A jovem passou logo a ser a referência dele como exemplo de inteligência, aprendizado; uma referência para o grupo formado na sua maioria por homens e mulheres mais velhos que, embora dedicados, não pareciam estimular tanta admiração no nosso professor.

Não foram necessárias muitas reuniões para que a alegria do professor com a presença da jovem passasse a ser notada com uma ponta de ironia e sarcasmo por algumas das mulheres do grupo que tinham também relações pessoais com a família dele. Como que num passe de mágica, as sessões de estudo se tornaram um ponto para conversas furtivas em intervalos artificiais para o cafezinho, nas quais o tema era um só: "o professor está encantado pela moça! E ela o está seduzindo! Pobre esposa!".

Daí até a jovem se tornar uma "vagabunda, uma desqualificada" e o professor se transformar em um "ingrato, desrespeitoso" da família foi a velocidade da luz. Simultaneamente, a esposa dele se tornou a vítima da "pouca vergonha", e o grupo se mobilizou para "apoiá-la". Foram colecionadas cenas e palavras que iriam confirmar a suspeita: "ele estava tendo um caso com a moça que poderia ser sua neta!". E, sim, havia aí evidências, claras, precisas, disso. "Ele a cumprimenta de um jeito diferente!" "Ela fala com ele de um jeito diferente!"

O grupo se desfez sob o impacto da desilusão e da desmoralização do mestre. A mulher do professor sofreu um estresse violento e chegou a ser internada com hipertensão; o filho mais velho rompeu silenciosamente com o pai; a filha passou a ignorá-lo em clara demonstração de desprezo. O nosso professor, surpreendido com a dissolução do grupo, que cada um anunciava por um motivo pessoal surpreendente, não sabia que as ausências dos seus alunos eram uma decorrência da interpretação dos seus elogios à jovem bonita e imperdoavelmente talentosa e dedicada!

Até que a versão dos fatos pudesse ser confrontada com os fatos – inexistentes! – e se pudesse demonstrar que as evidências nada mais eram do que delírio imaginário, e não a "verdade", foram longos dias, semanas e meses para que o desassombro sumisse. Foi preciso uma intervenção quase cirúrgica de doloroso confronto entre os membros do grupo que se sentiam ameaçados pela beleza, inteligência e vigor da juventude.

Cada um de nós, diante do que não mais possuímos, a juventude, a disposição, o olhar de admiração do outro – e fixados nessas qualidades ou condições como essenciais para sermos amados, buscados e valorizados –, podemos cair, e muitas vezes caímos, na armadilha de projetar no outro a nossa raiva, a nossa inveja, em especial se o outro possui tudo aquilo que para nós é tão importante.

Atraímos, com a nossa inveja e raiva, como fantasmas para nos assombrar, a velhice, a fraqueza, o desânimo, o desinteresse. Cortejamos, como vítimas anunciadas, a rejeição, o desmerecimento, o abandono.

Tornamo-nos vítimas ou "anjos solidários" contra os demônios que ameaçam a integridade daqueles que protegemos. Uma desculpa para justificar o que deixamos de ter e punir aquele que o possui.

Usamos a fantasia do justo, do ético, do correto, do "vingador", expressão dos nossos temores.

Gosto de pensar que quando ouvimos um ruído à noite, sob as cobertas, temos três escolhas: encolhermo-nos ainda mais embaixo dos lençóis e rezar para que não seja um bandido, ou acender a luz, ou podemos fazer como o pai que, assustado, atira na escuridão.

Geralmente, se nos encolhemos, o bandido se transforma numa imagem aterrorizante e imobilizadora; se acendemos a luz, podemos enxergar como o vento debruçou o galho de árvores sobre a vidraça; como o gato se socializa no telhado, ou ainda o namoro impetuoso do casal de estudantes na calçada em frente. E não atiramos contra o que não sabemos e não ferimos aqueles que amamos.

Os nossos amigos, que enxergavam na aventura amorosa e sexual do nosso velho professor a real ameaça à família, aos costumes e à maestria, agiam sem se perguntar se chegaram mesmo a acreditar no que imaginavam.

A ignorância não é o que desconhecemos; ignorância é o que pensamos que sabemos. Por pensarmos que sabemos, aceitamos reagir e agir sem qualquer averiguação.

Quando perguntei a várias pessoas do nosso grupo que estavam se organizando quase em passeata de desagravo à infidelidade e "pouca vergonha" o que tinha de fato acontecido entre o professor e a jovem, o que ouvi foi uma série de pigarros. Eram impressões, eram percepções, eram jeitos de falar, de se mover, de olhar. Eram leituras filtradas pelos fantasmas do autoenvenenamento.

As crises acontecem dentro de uma realidade. E a realidade é a relação entre dois universos, o meu Eu interno e as minhas circunstâncias, em especial os meus desejos. O tamanho das frustrações das minhas vontades e necessidades irá na maioria das vezes dimensionar o tamanho da crise. A crise é a cara da minha frustração, do meu desejo não atendido. Quanto mais eu sentir essa perda, tanto mais infeliz, tanto maior a crise.

Mas, se sou eu quem dá significado e importância às circunstâncias e aos desejos, não poderia viver a felicidade permanentemente? Sim. Ou não. É preciso vigilância, para manter a perspectiva do que importa. Podemos vir a dar importância ao que não valorizamos; abandonar o que vale a pena. Estamos todos vulneráveis a incorporar conceitos e desejos que nos são estranhos e a estabelecer como sendo real uma ficção definida por alguém.

Não fora pelo aceno da felicidade, provavelmente não existiria a propaganda. Ela dá significado à nossa vida, nesse momento especial em que queremos "melhorar", em que a nossa família cresce, em que a prosperidade é fundamental para conhecermos lugares incríveis, sermos cobiçados pelos mais belos espécimes da raça, para garantirmos o sucesso na carreira profissional, para conquistarmos o emprego ambicionado.

É em busca da felicidade que compramos, vendemos, corremos e estabelecemos a próxima parada, definimos qual o melhor modelo de carro, o endereço da casa, o resultado financeiro, a marca olímpica. Se não houvesse recompensa a essa busca de mais, do melhor, haveria esforço?

Na prática, quando conquistamos e realizamos, experimentamos, no exato instante da conquista, um estado de suprema alegria ao qual chamamos felicidade.

Essa experiência, porém, é quase um lampejo. Logo nos acostumamos à nova situação, ao objeto, ao parceiro, ao emprego, ao carro e começamos a olhar sobre o nosso ombro, sobre o muro do vizinho. Um sinal inicialmente imperceptível e depois mais e mais presente vai cutucando-nos e gerando um incômodo, estimulando-nos a ir atrás de mais felicidade! O que temos, o que somos, não basta.

A felicidade é algo que projetamos, começa como fantasia, depois se transforma em objetivo, em meta, até que a obtemos e passamos a possuí-la; é nossa. Enchemos gavetas, cofres, contas bancárias, garagens, salas, estantes, guarda-roupas. A cada peça nova um "ui! que felicidade!", até que ela envelheça no esquecimento, na obsolescência, pelo que chega depois. E há ainda o doce deleite de acariciar nossas riquezas – nossas coleções especialíssimas empoleiradas – e no nosso ego esfuziante de afagos e elogios, de reconhecimentos. Vamos juntando cada palavra e cada coisa até que não tenhamos mais onde colocar tudo. É quando passamos também a ocupar o espaço do outro – do parceiro, do colega, do amigo –, o que me basta é o que também cabe a ele, a todos. O que eu mereço e espero ter: a minha felicidade completa e permanente.

Se ocupo todos os espaços na ânsia de que o mais é necessário, atraio mofo, nem tudo o que possuo pode ser exposto à luz do sol. É tanto que só me resta arranjar porões e esconderijos.

Cada par de sapatos, cada roupa, cada objeto novo que compro ou ganho substitui outro. Nessa troca, olho o que foi e o que será. Como eu mesma. Aprendo como é fácil fantasiar e se ocupar com uma nova meta. Nesse incessante movimento de encher e esvaziar, o que fica é apenas o movimento. Até que algo se interpõe no movimento de ir buscar mais. Aí surge o desafio, o obstáculo que me impede de ser feliz! Sim, porque a minha felicidade está logo aí, quando eu tiver isso ou aquilo. Mas perco o emprego, a saúde, o parceiro, a reputação. Como posso ser feliz? É preciso remover essas limitações, sem elas, nada me impedirá de ser feliz!

A sofreguidão com que nos lançamos a repor a saúde, a ter o novo emprego, a ser reconhecidos, a encontrar novos parceiros e a adquirir bens estabelece, na mesma proporção, um sentimento de dor, de aflição. Vivemos, na impossibilidade de ser feliz, diante do obstáculo, a crise. Nesse momento em que perdemos, em que somos engolidos, tragados, pela frustração da felicidade.

Ficamos nesse pêndulo entre o realizar – feliz – do sonho e a dor aflitiva da frustração – a crise, como se essa fosse a trajetória inevitável de todos os destinos. Se estabelecemos, aqui, isso e aquilo como felicidade, o que não se encaixa então é a infelicidade. O não ter, o não ser, o não estar são a representação do infortúnio, porque são a materialização do não realizado, aquilo que definimos e desenhamos para o nosso caminho de ilusões.

Na sede insaciável, construímos quimeras, que, como castelos açoitados pelas tempestades de areia, se fundem com os desertos. Nada ali que cresce. Não há sombra que nos acolha. Apenas uma fantasia e, quando nos aproximamos, ela se diluiu sem forma, olhamos adiante, sim, parece haver alguma coisa adiante. Se aqui não está, lá haverá de estar. E vamos.

Não será pelo festivo tilintar de taças, pela dança incansável, pelo riso, pelos sentidos acalentados que estaremos, você e eu, felizes. Há pouco *glamour* na paz. É o seguir natural, constante, perene e alegre. Dessa alegria sem gargalhadas, sem festins estrepitosos, surge a calma que nos prepara para a lucidez da desilusão. Um passo inicial para reconhecermos a felicidade onde estamos, e não onde a colocamos.

Parte II

O VIAJANTE

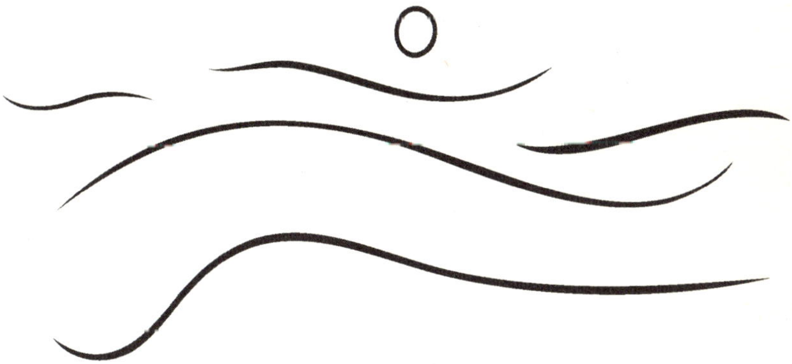

1. O propósito

Pedro tem 23 anos e está cursando o último ano do curso superior de Cinema. Ele tem muitas dúvidas sobre o que vai fazer quando terminar a faculdade. Tem olhado as possibilidades de carreira no cinema como roteirista e como editor. Constata que há muitas dificuldades. Está quase convencido pelos pais a tentar um concurso para uma carreira pública, com um bom salário inicial e segurança.

Foi nesse contexto que conversamos, ele e eu. Eu me atrevi a perguntar ao Pedro: "como você se vê daqui a cinco, dez anos? O que você estará fazendo? Como estará se sentindo?".

Ele ficou aturdido. Eu reformulei: "como você gostaria de estar? Descreva essa cena: em que lugar, com quem, fazendo o quê?".

Pedro se imaginou onde gostaria de estar, onde se sentiria mais feliz. A cena não se passava num prédio, dentro de um escritório cheio de mesas e computadores, num dos quais silenciosamente escrevia e arquivava. Ele estava feliz num galpão por onde transitavam pessoas diferentes, algumas barulhentas, e onde ele conversava sobre ideias, sobre imagens, com várias delas.

Pedro descobriu nessa espiada no futuro qual realidade ele queria para sua vida. A escolha fica mais simples.

Naturalmente, quando experimentamos essas visões, olhamos o que nos encanta – ou o lado mais bacana, deixando de lado o que não queremos. Uma ilusão a mais? Não, uma realidade projetada como desejamos. Isso ajuda a construir essa realidade, que sempre começa com uma visão.

E a visão é a materialização do nosso propósito, do significado que dou à minha jornada. Para que estou aqui?

Quando perco de vista o significado que dou a mim mesma para a minha vida, também me perco, e, perdida, crio crises.

De todos os processos em que dizemos "estou em crise", a questão central é: "eu não sei o que fazer agora". Esse estar "perdido", essa perplexidade expressa uma desconexão com a vida. A falta de consciência ou de clareza do nosso propósito, das nossas escolhas. Essa visão turva nos ilude porque direciona de maneira equivocada a nossa percepção, construindo uma realidade precária, o que já sabemos ser uma paz ilusória.

O propósito não é aleatório. Mas não é uma escolha, é uma sina. O propósito é o que me dá significação, que dá sentido às minhas escolhas. O propósito de cada um de nós é a manifestação do nosso talento, a nossa capacidade para realizar de maneira única, de produzir a transformação. Talento não é uma qualidade do famoso. O talento que é reconhecido publicamente é o nosso referencial para julgar e atestar: "Maria tem um talento incrível para a música!", "Antônio é talentosíssimo em matemática".

Propósito é também o talento sem aplauso. É o gesto pessoal de varrer o chão, de limpar, de passar roupa, de cantar para o bebê dormir. O talento é a nossa expressão natural de estar no mundo. Se eu me fecho diante dessa capacidade, se fujo da minha responsabilidade de expressar o meu talento, eu nego o meu propósito, eu me desconecto de mim mesma.

Ao longo da história da humanidade, aprendemos que as transformações coletivas foram possíveis porque havia pessoas que se mantiveram fiéis a seus propósitos. Os obstáculos surgiam como estímulo ao desenvolvimento do talento, fortalecendo assim o propósito.

Não há improviso na realização de um propósito. É preciso que haja sempre dedicação, treinamento, esforço para que a nossa habilidade natural não venha a sucumbir diante dos desafios, também naturais e recorrentes. Mas o esforço não é um sacrifício, é uma entrega. É também uma necessidade. Como é necessária a água para o sedento.

Como reconheço o meu propósito, o que dá sentido ao meu fazer? Pela naturalidade. Aquilo que é parte minha, aquilo que me identifica. Eu me pergunto: o meu esforço é um sacrifício? Se a minha resposta é sim, então a minha ação não está consistente com meu propósito. A realização, ainda que com empenho e dispêndio, deve ser alegre e vitalizante. Se não me sinto dessa maneira, então esse não é o meu propósito. Não é parte do que me dá sentido.

Naturalmente posso desenvolver aptidões, habilidades. Vou até me alegrar com esses ganhos. Eles são resultados comemorados, obtidos com concentração e determinação. Mas na raiz desse crescimento está a conquista. Ao me superar, estou me dominando, crescendo nas minhas capacidades. Desafio o que parecia preestabelecido e traduzo, no meu sucesso, a minha garra, a minha disciplina.

Mas isso não atende ao meu propósito.

A matéria-prima da qual é elaborado um propósito é maior do que a autossuperação. Nele, prevalece o espírito da doação. Propósito não é meta, não é objetivo, não são conquistas. Não é tomar para si, ou para um grupo, alguma coisa; poder, território, adesão, objetos. Não é somar, acumular, garantir mais.

Propósito é entrega. Do que temos de melhor, do que temos de mais precioso e pessoal. A minha maneira de tocar violão, a minha torta de limão, o meu abraço, o meu silêncio respeitoso.

O propósito é uma sina, porque é parte do meu destino, porque é parte minha, de ser quem sou, de ser como sou. Negá-lo, impedir que se expresse, limita a Vida e tira a sua alegria.

Pessoas são boas servindo, ou liderando, ou arrumando, ou completando, ou implementando, ou criando. Enquanto fazem isso, cantam, dançam, cozinham, limpam, consolam, curam, constroem casas, plantam flores, pintam quadros, escrevem poesia. Ou simplesmente ouvem os que falam. E, ao realizar cada uma dessas tarefas, o fazem alegremente, e para cada nova tarefa a ser feita se preparam criteriosamente e buscam saber mais, compreender mais, para doar mais. Não se deixam iludir pela facilidade. O fácil é o que não oferece qualquer aprendizado novo. É o velho, o antigo, o desprotegido. O fácil não é sempre o natural. O natural é o que segue o impulso criativo; o fácil segue a inércia. Seguir o impulso criativo natural é atender ao seu propósito.

A vocação é uma manifestação de propósito, não é ele completamente. Para realizar o propósito, desenvolvo um jeito de atuar no mundo. Algumas vocações podem ser mais facilmente relacionadas a bons propósitos, outras a intenções negativas. Se eu sou um missionário na selva africana levando a palavra de Deus, posso ser classificado como Bom Samaritano. Se, ao contrário, vou àquela terra explorar suas riquezas em meu próprio benefício, sou o Mau Samaritano.

Não há propósito na exploração; não há propósito na dominação. Em uma das situações, a intenção aparente mascara o propósito. Ao transformar o outro não estou me doando, estou tentando me apoderar da sua alma. Quero que a minha visão de mundo substitua a sua; quero que você viva a minha felicidade; a minha divindade é maior que a sua; a minha salvação, mais poderosa. Se eu exploro, minha intenção é clara, minha motivação, transparente: quero para mim o que é seu.

Não há propósito se há imposição, se há tentativa de derrotar; se quero destruir, negar, ainda que seja negar os meus próprios limites e demônios internos. Entregar-se a um propósito não exige um esforço para vencer, conquistar, superar. É um exercício permanente de buscar mais para ter mais a entregar. Assim eu me conecto ao meu destino, à síntese do meu talento. Atuo comunicando o meu propósito. Assim também crio a realidade, protejo-me da ilusão que nutre crises.

2. Muito além de um nome

– Oi, Feia!

– Oi, Gordo!

Os dois amigos se abraçam e riem gostosamente, a Feia e o Gordo. Quem não os conhecesse e passasse por ali apenas ouvindo os nomes poderia pensar que havia alguma animosidade no ar. Nada disso, os dois compartilhavam nos apelidos uma convivência jovial e brincalhona.

O apelido é uma tradução livre de um nome, uma brincadeira, uma caricatura ou um carinho. Revela o que muitas vezes o nome esconde. É uma pista a respeito da pessoa. Um apelido pode manifestar a percepção de uma natureza ou de um comportamento, de um compromisso, de uma vocação. É parte do destino do viajante ser reconhecido pelo nome, ser traduzido por algum apelido.

O nosso nome é parte da nossa identidade, desse ser viajante.

Para que o viajante encontre o seu destino, o porto, deve antes encontrar-se a si próprio e apresentar-se.

– Muito prazer, sou Olga.

E quem é Olga? Sou a filha, a mãe, a irmã, a jornalista, a escritora, a que sente, a que faz, a que pensa, explica, teme, crê, sonha, acorda, come, respira... sou a expressão do que sei, do que penso que sei, do que quero, do que não sei se quero. Sou a coemergência. Surjo enquanto realizo e transformo, e surjo também quando, pela minha simples existência, ou pelo existir do outro, eu me introduzo no mundo.

Nos processos terapêuticos, o resgate da nossa identidade se dá pela consciência das lembranças e de seus significados. O que eu lembro é o que me marca, e o que esqueço é o que me marca mais profundamente. Muitas vezes é preciso, de forma dolorosa, acordar a nossa memória para que possamos nos apropriar da nossa gênese. Busco na minha origem, nas minhas primeiras experiências, o sentido para o presente.

Deixar o passado no passado, mas ter a consciência do que se passou, na medida justa para a compreensão e o aprendizado no presente, para a libertação.

Aprender a respeito de nós mesmos ajuda a reconhecer o propósito que nos guia na nossa jornada. Onde estive? Com quem estive? Como estive? Se eu fico bêbada e me esqueço do que fiz, tenho a conveniência da perda da memória para não pedir desculpas pelos estragos que provoquei.

Mas o viajante não caminha entorpecido. Está atento quando o chamam e responde.

Olha a si mesmo e a sua história. Esse saber precioso, que faz parte da sua identidade. Saber, por exemplo, como ganhou o nome que carrega.

Aprender sobre o próprio nome nos ajuda a compreender como fomos inicialmente conhecidos. Aí há um desejo, uma fantasia de quem nos nomeou. Podemos carregar esses desejos sem consciência da força que possuem.

O meu nome é o meu primeiro rótulo. A minha primeira máscara. Contém uma emoção e um entendimento sobre a minha chegada.

O meu nome pontua as minhas relações fora do útero da minha mãe. Carrega um poder e uma emoção. Não há, na escolha dos nossos nomes, casualidade. Um nome é quase uma fatalidade. Pode ser uma imposição de um tempo, da moda, de uma fantasia, de uma homenagem, de um estigma, de uma obrigação. Mesmo que o oculte por um apelido, ele estará lá nos momentos decisivos: na certidão de nascimento e morte, na certidão de casamento, na escritura da casa, na dívida em cartório.

A cada nome, uma história.

Ao me recontar a história do meu nome, também reavivo o momento da minha chegada. Incluo a maneira como fui vista de início, que expectativas a minha vinda estimulava. Conto como fui chamada e a partir do que passei a me chamar. Um recurso que passo a utilizar sempre que eu me perco. Eu me chamo pelo nome, e grito, em resposta, logo, facilmente posso localizar-me.

Uma das técnicas de venda mais difundidas hoje pelas "centrais de relacionamento" é o cuidado em chamar o cliente pelo nome. O nome dito pelo ser amado é a mais doce música, alertam os líricos.

Assim como nos irrita, de maneira quase instantânea, ouvir o próprio nome pronunciado de maneira errada.

Como você se chama? Como o chamam?

Assim o chamam. Assim é o seu nome. Assim me chamam, este é o meu nome. Não posso esconder-me, tenho um nome.

Quando, em viagem, nos sentimos distantes, falamos alto o próprio nome. Magicamente nos sentimos em casa.

E quem sou eu? Um nome no documento de identidade? Sou além, sou parte dos que vieram antes de mim. Sou parte daqueles que seguirão depois de mim.

O viajante reconhece de onde veio – de quem, as suas circunstâncias – e agradece àqueles que o precederam.

A gratidão é o primeiro gesto de consciência da nossa identidade. Ao me curvar, recebo também as bênçãos dos meus ancestrais, dos que chegaram antes de mim. É como se sob os meus pés existisse um piso sólido para me sustentar e a partir do qual possa me projetar, sobre o qual eu caminho com mais firmeza.

A reverência é essencial. Dobrar os joelhos diminui momentaneamente a nossa estatura e nos aproxima do chão, fortalece a nossa base, onde se desenha o nosso caminho.

Abaixar a cabeça, em respeito, nos abre para receber bênçãos. De mãos postas, juntamos nosso lado direito e esquerdo como num abraço a nós mesmos, também gratos por sermos quem somos.

Somos parte de uma rede. Gratos por pertencermos a ela, agradecemos a todos os que nos ampararam, porque vieram antes e nos abriram as passagens.

É parte das tradições japonesas que as famílias mantenham um altar em casa, no qual colocam fotos ou objetos dos antepassados. É um ritual de culto à memória dos ancestrais, reconhecidos como uma força protetora.

É um exercício revigorante olhar os pais, os avós, os bisavós que nunca conhecemos, expressando, no fundo do nosso coração, graças por estarmos vivos.

De posse da força dos que nos precederam, podemos também nos apoderar do futuro. Reverenciamos com alegria aqueles que virão, aqueles que estão adiante de mim, que se seguirão a mim, a vida nova, o inusitado. Alegro-me em ser um canal de passagem para o que virá. Em mim não se esgotam as esperanças.

Um futuro, como a semente da árvore, que contém ainda semente, a árvore. E, como semente, sei também que vou honrar o que sou. Vou desabrochar com todas as minhas cores e forças, e sou quem sou. Reverencio a prudência, ao olhar adiante, pedindo a mim mesma que eu me mantenha fiel à minha semente. Assim vou oferecer frutos bons o bastante.

Enxergo e agradeço aos que chegaram antes e os abraço carinhosamente; atenta, eu me curvo diante do que está diante de mim e prudentemente me apoio na minha própria essência, no meu propósito. Sou uma escrava, na minha liberdade, de quem sou; sou uma escrava diante de tudo o que é possível.

Quando vemos, na maternidade, a mãe com o bebê recém-nascido, temos uma vaga ideia dessa quase incompreensível alegria do nascimento; o olhar para a frente, garantia do futuro. Ver com benevolência o novo, pelo que será, não só pelo que é, também nos auxilia nas relações com os mais jovens. Eles correm, mas, na pressa, ficam um pouco atrás dos que chegaram antes.

Como parte da rede, não enxergo apenas os que vieram antes de mim e os que estão a caminho para o futuro. Tenho, na viagem, companheiros ao meu lado. Com eles, compartilho esforços no trabalho; prazeres no lazer; dúvidas nos estudos; medos nas novas empreitadas. São os mais próximos, posso tocá-los quando estendo os braços.

E, aí, encontro quem discorda de mim; quem me irrita e me cansa; quem me questiona e me impacienta; quem me ignora e me entristece; quem se apressa e me deixa falando sozinha; quem nunca transige e me impõe o que não concordo; quem me passa uma rasteira para pegar o melhor pedaço e me deixa com fome. São os meus amigos e adversários, os meus colegas e concorrentes, a minha equipe de trabalho, o meu time de esportes, os meus companheiros de treino. Todos fazem parte do meu grupo, onde desenvolvo as minhas habilidades e onde sou confrontada com as minhas limitações e dificuldades.

Compartilhamos o mesmo tempo. E dividimos o mesmo espaço. Caminhando lado a lado, encontramos o mais lento e o mais veloz; o mais sábio e o mais rude; o mais esperto e o mais ingênuo; o mais forte e o mais vulnerável. E eu, entre cada um deles, em relação a cada um deles, posso ser fraca, forte, sábia, tola, arguta. Em relação a cada um sou, a cada momento, um pouco. E isso é parte do que sou.

Para lidar com a permanente relação, eu pratico o bom humor. Um jeito infalível de quebrar barreiras da comunicação é o esboço de um sorriso. Experimente na fila do banco, na fila do caixa do supermercado, quando fica diante de uma plateia enigmática. Fale de si, da sua dificuldade, da sua incapacidade momentânea de falar de maneira inteligente ou coerente. Ria do troco que deu errado, e peça desculpas pelo mau jeito. E se esforce para aceitar com bom humor a dificuldade do garçom para anotar o seu pedido.

Não me levo tão a sério sendo a melhor, a mais poderosa, a mais inteligente, a mais criativa, a mais sensível. Logo adiante haverá algum companheiro mais poderoso, inteligente, criativo e sensível do que posso imaginar ser.

Vou tolerar não ter as respostas que sirvam a todos. Vou aceitar soluções que não foram trazidas por mim. Bom humor e tolerância. Bom humor para rir de mim; tolerância para os diferentes de mim. A viagem fica mais divertida se eu rio e se escuto com aceitação. Isso foi mais um passo na minha identidade: sou também aqueles que abraço, os que ficam ao meu lado, os quais aceito estando lado a lado. Traço na linha da minha trajetória a linha horizontal do abraço.

Sou, além de um nome, além de um título, uma trama de uma rede da qual fazem parte as pessoas que me antecederam, as pessoas que me seguem e aquelas que estão ao meu lado – ao lado das quais eu me coloco.

3. Perspectivas

Você pode pedir a várias pessoas para descrever um evento ao qual todas presenciaram. A colisão de dois carros, por exemplo. Terá diferentes histórias, com informações complementares. Cada um vê uma parte do acontecido, mesmo que as pessoas estejam lado a lado. Alguém mentiu sobre o que viu? Não, cada um viu o que olhou, do ponto em que se encontrava.

A história é a narrativa de uma cena projetada do ângulo de observação e de atenção do observador. A atenção é definida pelo foco de interesse.

Se estou atenta ao meu propósito, todos os eventos serão filtrados para que eu aprenda e desenvolva os meios para realizar o meu propósito.

De cada ponto onde me coloco, enxergo algo diferente.

Entro na sala e fico de costas para a janela, a minha paisagem é a parede. Se fico de frente para a janela aberta para o jardim, a minha paisagem são as flores além da janela.

Quando sou técnico do time, enxergo o time de uma maneira diferente de quando jogo. Ocupo uma posição em razão das circunstâncias e das escolhas feitas.

E a falta de me posicionar corretamente faz com que eu tome a decisão errada. É aí muitas vezes que julgamos ganancioso o investidor que corre atrás de lucros. Olhamos o investidor da posição de trabalhador... E, por outro lado, cobro resultados do indolente funcionário com baixa produtividade... sou o investidor. Cada um de nós avalia a situação a partir da posiçao em que se encontra, da necessidade que tem, e é também daí que avalia o outro. Se eu me coloco acima do outro, eu o vejo menor; se me ponho abaixo, ele é o grande – uma ameaça ou uma proteção –, se fico de ombros colados com ele, estou do tamanho dele, sou igual a ele.

O que mantém o meu eixo, a minha base e o meu centro é o meu propósito, aquilo que me dá direção. A minha clareza em relação a ele me dá serenidade para ficar em qualquer posição. E de cada uma delas extrair conhecimento e a maneira de fortalecer o meu compromisso em realizá-lo.

Se posso ser líder, e ainda assim aceito ser o último da fila, o que limpa enquanto os outros sujam, o que come se há sobras, o que apaga a luz, o que fica no escuro, ainda assim me sinto bem, confiante de que essa circunstância não me rouba a alma.

No mundo corporativo, há um sobe e desce de executivos responsáveis por insônias e ansiedades. Hoje ele é o CEO, presidente da companhia, mas, depois de dois trimestres de resultados financeiros negativos, não importam as razões, ele está na lista de possíveis demitidos. Aqueles afagos e elogios do ano passado, em que foi tratado com deferência pelos investidores, é coisa esquecida. O que conta é o agora, e agora não está bom. Se ele se delicia com o elogio e a pompa, cair na perda de prestígio é cruel. Mas, se sabe que a própria razão de ser não depende apenas da aprovação e do cargo, quando a demissão vier, não há sofrimento, há um novo olhar adiante. Como essa perda pode me aproximar do meu propósito?

Aprendendo a me manter conectada. E como posso nesse instante conectar o que fui, o que serei, os meus iguais, a minha autoridade e o meu desterro? Reconhecendo o que já fui, sou grata pelo que pude fazer; olhando para a frente, estou aberta ao que serei. Olhando os companheiros que antes me abanavam, serei tolerante com os gestos de desprezo – afinal estamos agora em vagões distintos. Conectada, mantenho a comunicação dentro dessa rede fantástica – que reúne seres grandes e pequenos, fortes e fracos, poderosos e servos.

Ser o derradeiro não é vergonha. Ser o menor não é vergonha. A vergonha é a humilhação dos que se sentem irremediavelmente derrotados. A coragem é o reconhecimento de si que surge quando nos olhamos e enxergamos o que de fato nos dá poder: a nossa capacidade de fazer escolhas, de nos transformar.

Quando sou o menor, o mais ínfimo, o último, busco em mim a coragem para seguir, apesar do medo. Volto-me novamente ao meu propósito, o meu sentido, e isso me fortalece.

Menor, sou a coragem dos que reconhecem em si a força; grande e poderosa, sou aquela que enxerga as próprias fraquezas e aprende com o pequeno; sábia e experiente, reverencio o novato.

De todas as posições fico no presente e giro, conectada com a vida.

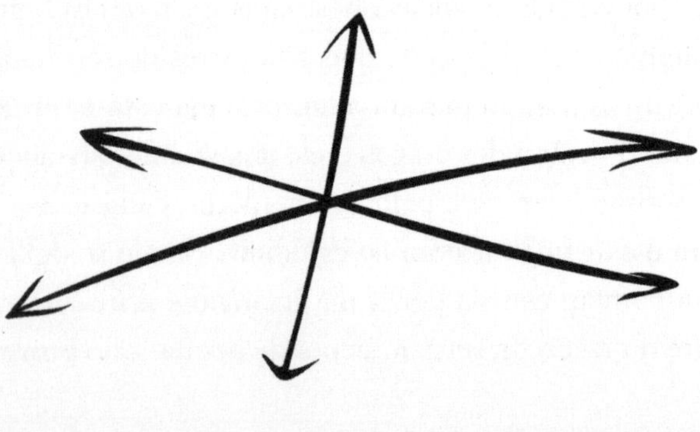

Ter a coragem de pedir ajuda. Ter coragem de oferecer ajuda. Quando tenho forças, amparo; quando estou fraca, peço apoio. Em nenhuma das posições sou melhor ou pior.

Conheço uma pessoa que, quando está doente ou com problemas, some dos amigos. Diz que viajou. Aparece quando está bem. Foi uma surpresa quando soubemos que estava passando por sérios problemas financeiros para custear o tratamento médico do pai, que estava sem o remédio e ela não podia comprar. Não foi difícil juntar o dinheiro e dar a ela o medicamento. Quando eu me entrego à dificuldade por vaidade ou orgulho também crio crise. O fato fica esquecido, e, nesse caso, o fato é: – Meu pai precisa do medicamento que não posso comprar. Preciso de ajuda!

Se, na tristeza da perda, no desterro, não atino com a possibilidade de algum ganho, então sou a vítima eterna do que simplesmente é. A vida é! A morte é! E tudo cabe nesses pacotes.

Amparo-me onde posso segurar, naquele que está mais próximo. Mantenho a proximidade para ter o apoio necessário quando estou fraco, e ofereço o ombro quando sinto ter mais força. E ofereço conselhos, se posso com eles minorar a dúvida e o sofrimento, ou me calo, em silencioso amparo. Entrego a minha pequena contribuição mantendo o chão limpo, a casa asseada, as flores frescas, a água limpa.

Contribuo com o meu solfejar que quebra o silêncio pesado das culpas; ofereço versos para os que se enamoraram em vão e me junto como poeta a essa dor necessária; cozinho o feijão com arroz pontualmente.

A cada momento e em todos eles, estou presente, numa e noutra posição, em relação ao outro, ao contexto. Dessa maneira não perco a conexão e me mantenho em permanente ligação.

Agora estou frágil e com medo, corro por colo; agora sinto a bravura dos caciques, entrego a minha generosa escuta. Assim eu me integro a cada momento nessa relação contínua e mutável, na qual sou parte com medo, com força, com dúvida, com quase certezas. Porque sei que os eixos sobem e descem e me levam adiante, e me levam de volta.

Sendo um jacarandá, não poderei oferecer, nos meus galhos, maçãs; mas, como jacarandá, posso oferecer sombra, lenha, pouso. E vou me fortalecer para oferecer mais lenha, mais pouso, mais sombra, mais descanso.

Os meus limites são a minha natureza. As minhas escolhas são limitadas por ela, pela minha vocação, pelo que me é inerente. A minha natureza, o que sou como síntese, é a minha sina; o meu destino. Esse destino é uma construção de escolhas, assim sou, como indivíduo.

Enquanto não puder reconhecer essa vocação, como síntese ou como natureza, ficarei desconectada da minha imensa força, das minhas possibilidades. Como aquela historinha da águia que foi criada no galinheiro como uma galinha e foi preciso que uma das galinhas cochichasse a ela que não conseguia pôr ovos, que o seu destino era voar, voar alto, e não fazer voos rasantes como as companheiras de galinheiro, não botar ovos para omeletes, mas voar longe e até, quem sabe, comer alguma galinha.

Foi como uma epifania. Olhar-se e ver-se, ver-se e encontrar-se. E, sabendo-se quem se é, voar, sem culpa, sem vergonha.

Nada que me magoa, entristece, fortalece ou enfraquece pode negar ou mudar quem sou: o viajante realizando o seu destino de ser. Essa é a única perspectiva que não perco quando mudo de posição. E sigo viagem.

4. Sobre lobos

É um grande desafio para todos nós aparecermos "mal na foto". "– Melhor não!"

É também um grande desafio mantermos as honrarias àqueles que nos facilitaram o caminho. É uma grande tentação ser herói, a divindade revelada quando obtemos algum sucesso. Dessa maneira, oferecemo-nos, nas relações, em porções – um pouco do que somos – e, impedidos de sermos completamente – com nossos aspectos bons e ruins, de apresentarmos o que vivemos e o que almejamos –, passamos a enxergar e a lidar com as diversas situações excluindo também o que sabemos, o que acreditamos, o que experimentamos, o que sentimos.

Conheci um professor de ioga que ficou muito famoso. Durante mais de duas décadas, ele aprendeu com mestres em diversos locais do Oriente. Depois desse aprendizado, começou a ensinar e a desenvolver um estilo pessoal de práticas que fez muito sucesso, tornando-o quase uma celebridade entre os praticantes.

Acontece que o nosso professor, guindado à posição de mestre, passou a rever os conceitos a partir dos quais aprendeu e desenvolveu as suas práticas e teria desenvolvido um novo método de ensino de ioga. Não queria mais ser apresentado como professor de ioga, mas de uma nova sabedoria. Foi abandonado pelos alunos mais antigos. Foi desmerecido pelos companheiros. Isso aconteceu porque o nosso professor queria brotar! Do nada! Como um ente revelador. Ora, isso seria uma traição, uma negação.

Se o nosso professor nega o que foi, deixa de ser uma nova possibilidade. Imaginemos o atleta de salto olímpico fazendo evoluções no ar, sem ter colocado antes os pés no chão! Impossível!

O nosso quase mestre, ao repudiar, para reinventar, estabelece uma desconexão com a sua base original. Ele é, e continuará sendo, o resultado do que viveu, do que aprendeu, das experiências que depois disso o transformaram e marcaram o seu estilo e sua identidade. O nosso professor é um mestre de uma nova forma de ioga! Como o remédio à base de alho, não é o alho assim como está na natureza – é, por assim dizer, um novo jeito de ser alho. Mantém as suas propriedades, mas as oferece de maneira diversa de quando está em lascas na salada.

Aquele que tentar ser o maior sem ter sido o menor, aquele que tentar ser o grande sem ter sido o pequeno será apontado como fraude. O novo surge pela transformação do que foi experimentado, de alguma maneira, em alguma esfera do nosso ser, em algum momento das nossas relações.

Para se manter, é preciso se reconstruir. O professor agora começa a juntar novos alunos e aceita dizer que possui um método que se desenvolveu a partir das suas práticas de ioga, e é uma maneira diferente de ensinar, com o mesmo intuito de, por meio de movimentos do corpo e da respiração, promover a saúde, a beleza e a alegria.

Esse processo de integrar também é um método de tratamento e de vigilância para dependentes químicos que se apresentam, nos grupos de apoio, como "dependentes". A cada dia que ele se reconhece na sua fragilidade, conquista uma nova força. Sempre que eu nego a minha limitação, por exemplo, deixo de enxergar o perigo e brinco com os riscos, expondo-me sem ter as habilidades e os meios que irão me proteger. Ando pela beira do precipício porque não enxergo a possibilidade de queda. Aí caio.

Se estou fragmentada, porque não aceito as minhas dificuldades e limites, integrando-as ao meu poder, ou se sou possuída pelas circunstâncias, dou valor ao transitório e coloco nele todos os meus sonhos, mantenho-me vulnerável.

Se também vinculamos as nossas relações a um contexto definido, porque é mais simples e funcional, também extraímos partes do outro, reduzindo-o àquilo que nos interessa. Terapeutas não socializam com clientes; chefes não compartilham piqueniques com subordinados. Clientes adquirem, fornecedores fornecem.

É comum as pessoas se apresentarem pelo que fazem – o seu emprego –, porque é assim que se relacionam socialmente e no mundo dos negócios. Quem não é empregado pode ser dono, e aí se apresenta pelo próprio nome e pela empresa. Mas posso ser apenas filho, num ambiente familiar; ou ser irmão, ou mãe, ou pai, ou cunhado.

São esses os pontos de contato que, embora abram o início da relação, não a podem definir ou limitar. Posso entrar numa situação como cliente e de cliente passar a fornecedor. Posso chegar como um estranho e sair como um amigo. Posso aparecer como um especialista e sair consultado. Em qualquer viagem, posso ser apenas o vizinho da poltrona. Quando o avião cai, posso me tornar o salva-vidas ou a companheira de tragédia, unida ao outro eternamente. Portanto, é fundamental exercitar o eixo, olhando à volta e admitindo que o outro ocupe, e eu também, várias posições.

A diplomacia presidencial é um exemplo de situações em que pessoas ficam além da visão estreita de uma única posição. É muitas vezes na condição de "amigos" e não de chefes de Estado que decisões são negociadas. Foi assim, por exemplo, no episódio em que o ex presidente Lula pediu, num discurso durante um comício em Curitiba, no dia 3 de julho de 2009, clemência ao presidente do Irã, Mahmoud Ahmadinejad, para Sakineh Mohammadi Ashtiani, condenada à morte por apedrejamento por crime de adultério. A condenação foi suspensa.

A nossa força é uma decorrência da aceitação do que somos e das nossas possibilidades. Somos o bom e o ruim, o fracasso e o sucesso, o forte e o fraco, o poderoso e o débil. Somos o que vivemos e o que viveremos. Somos o que foi feito e a esperança do que virá. Somos seres possíveis a qualquer momento, em qualquer posição.

Não podemos simplesmente excluir o que não gostamos. Convivemos e escolhemos a cada instante. O equilíbrio resulta da vigilância constante.

Uma dessas histórias que circulam pela internet ilustra essa ideia. Vou reproduzi-la, como a recebi.

Um velho avô disse ao seu neto, que veio a ele com raiva de um amigo que lhe havia feito uma injustiça:

– Deixe-me contar-lhe uma história.

Eu mesmo, algumas vezes, senti grande ódio daqueles que aprontaram tanto, sem qualquer arrependimento daquilo que fizeram.

Todavia, o ódio corrói você, mas não fere seu inimigo.

É o mesmo que tomar veneno, desejando que seu inimigo morra.

Lutei muitas vezes contra esses sentimentos...

E ele continuou:

– É como se existissem dois lobos em guerra dentro de mim.

Um deles é bom e não magoa. Ele vive em harmonia com todos ao redor dele e não se ofende quando não se teve intenção de ofender. Ele só lutará quando for certo fazer isso. E da maneira correta.

Mas o outro lobo, ah! Esse é cheio de raiva. Mesmo as pequeninas coisas o lançam num ataque de ira! Ele briga com todos, o tempo todo, sem qualquer motivo.

Algumas vezes, é difícil conviver com esses dois lobos dentro de mim, pois ambos tentam dominar meu espírito.

O garoto olhou intensamente nos olhos de seu avô e perguntou:

– Qual deles vence, vovô?

O avô sorriu e respondeu baixinho:

– Aquele que eu alimento mais frequentemente.

Nenhum de nós chegou ainda ao ponto de ter dentro de si apenas boas intenções, gestos generosos e compassivos. Temos a tentação permanente da ira, do medo, da inveja. É parte da nossa natureza, ou então já seríamos anjos em outras esferas. Desconheço uma única pessoa que nunca se entristece, se impacienta, desqualifica o outro, comete imprudências.

O lobo raivoso e cruel, mesmo mal alimentado, encontra forças para sobreviver. Basta-lhe muito pouco. Algumas sobras e ele se mantém vivo para tomar a comida do outro. Em qualquer instante, ele ataca. Desatentos, criamos as oportunidades para o surgimento da violência, da usura, da inveja... pecados nossos de cada dia.

Não possuímos a capacidade de matar os nossos lobos. Estaríamos matando parte do que somos. Mas, vigilantes, enfraquecemos um ou outro. É uma luta sem fim cujo resultado momentâneo é o que somos, aqui, agora.

Quando integro minhas forças e fragilidades, admitindo que no outro existem as condições semelhantes às minhas, amplio a área do meu eixo – os meus movimentos –, reforço a minha base – a consciência –, fortaleço o meu centro, o propósito, entendo a gênese da crise – a desconexão –, os seus elementos e efeitos – a perda da capacidade de escolha, a ausência da ponte de comunicação. Posso finalmente fazer escolhas.

5. De parte a parte

Até aqui, capacitei-me para fazer as minhas escolhas. Acredito ter criado uma blindagem contra o surgimento de crises. E fiz bem: sei sobre a ilusão, sobre meus limites e possibilidades, sobre o contingente, a precariedade. Sei que pela comunicação construo vínculos e compreensão e finco o tripé essencial – base, centro e eixo. Até aqui estou Senhor. E consegui um bom entendimento. Mas é preciso reafirmar: a realidade é a relação – eu e o outro.

Não posso perder de vista que me equilibro nessa relação.

Não existe mão única no trajeto de viver. É uma troca contínua. De um lado, estou eu com a minha consciência e o meu propósito, e, diante de mim, o outro. Cada um de nós materializando a sua vocação. Que podem ser complementares e podem tentar excluírem-se reciprocamente. Como não temos o poder de matar os lobos que existem em nós, não podemos dizimar o outro, no seu desejo e no seu destino. Ainda que ele nos fira.

Ao nos dedicarmos conscientemente à nossa sina, cada um de nós entrega o que tem, constrói o que pode, descobre o inimaginável. Nessas condições, há de se respeitar as revelações. A chegada do outro.

Histórias como a do ex-jogador – agora deputado – Romário, que teve a sua quinta filha nascida com Síndrome de Down e a responsabiliza pela própria transformação em pessoa maior, mais generosa, comprometida com causas em benefício de portadores de deficiência, tema que antes ignorava, demonstram que é no ato que o outro se apresenta, e na nossa aceitação dele que também nos erguemos. Numa grandeza que nos torna também menos vulneráveis. Porque somos parte de algo poderoso, a vida. Aquela que aceita limites e convive com o mistério.

A revelação é também o ato de receber algo, um presente, para devolvê-lo como graça ao outro. É a manifestação da dedicação ao próprio talento, é a materialização da coerência e do treino. É o grande especialista que rapidamente intui a solução para o problema que o grupo não atinava, o político que encontra a saída quando todas as portas pareciam fechadas.

Quanto mais consciente e claro o processo de construção da nossa trajetória, mais fácil será para cada um de nós permanecer integrado, em todas as nossas lacunas e por tudo o que podemos oferecer. É por meio dessa consciência que brotam os lampejos que clareiam a noite escura do medo e da raiva. Olhar, sem culpa e sem imaginar como seria se não fosse assim... Olhar sem fantasia.

Insisto em que olhemos a nós mesmos como esse ponto de

encontro de tudo o que foi e de tudo o que será! Sem excluir o que experimentamos.

Posso reescrever a minha história, mas não posso negá-la. Reescrever é revisitar, aceitar e oferecer algo novo, em troca, sem apagar o que experimentei.

Ao me admitir como parte de um movimento contínuo que altera a minha posição, mas que me alerta de que sempre estou em relação ao outro, ao contexto, percebo que desenvolvo mecanismos para me proteger, para reduzir os incômodos e as vertigens. Quero diminuir a minha exposição ao perigo, aos infortúnios, e aumentar as minhas alegrias e os meus prazeres.

É também natural que eu queira me sentir mais forte. É natural e desejável que busquemos o conforto e a vitalidade. É preciso que seja assim para que a vida continue. A vida busca mais vida. Não se esconde nas armadilhas das posições. Sabe que está em todos os pontos e que a sua força depende desse arejar, de ficar em todas as posições. Aqui do alto, aprendo a olhar de longe, de baixo, percebo os detalhes, ao lado, encontro o mais imediato.

Mas, se eu procuro a força, sou atraída pelo poder, sob o qual é mais fácil me proteger do outro, e imaginar que posso ignorar as circunstâncias.

Não é à toa que é tão mais fácil nos sentirmos protegidos, escondidos no alto, cercados pelas limitações que nossa autoridade impõe ao outro, guardando-nos da invasão indesejada por quem ameaça a nossa ilusória segurança. Criamos mecanismos para sermos importantes, ocupados, diferentes, distantes, difíceis, incompreensíveis.

Tentamos nos proteger excluindo o outro, colocando entre nós e ele uma ponte que balança sobre um precipício. Assim, desestimulamo-nos de cruzá-la e garantimos o nosso isolamento. Permanecemos poderosos!

Um dos ritos do poder, da altura, é a existência da antessala, e da antessala da antessala. Nesses espaços se reúnem especialistas, assistentes na gestão do bem mais precioso da autoridade: o tempo.

Recebem telefonemas, *e-mails*, cartões, cartas, comunicações variadas em súplicas de acesso. Mas o ritual também exige que para conseguir o encontro é preciso uma dura negociação, paciência e determinação. Aqueles apaniguados pela "generosidade" da audiência com o chefe são prontamente reconhecidos e automaticamente venerados.

Contagiaram-se pelo sublime dom do poder.

O ir e vir, o entrar e o sair são aspectos de um único movimento, de um único estar na vida. São partes de um todo que não diferencia o melhor e o pior, que não julga, mas que sabe que a soma de todas as posições para realizar o movimento é imprescindível.

Numa dada posição, se eu me aproprio da minha condição, posso me expressar com naturalidade e mais facilmente, porque compreendo o contexto dos meus gestos. Sei que ao ir numa direção encontrarei o outro e vou reconhecer como ele me complementa, e eu a ele. O que posso pedir, o que posso esperar.

Não há o que excluir, o que analisar, o que medir. Há o movimento espontâneo e adequado – em conformidade com a minha posição. Na fraqueza, resgatando a minha força, na minha força, cedendo à minha paciência; na minha antiguidade, comprazendo-me com o novo; recém-chegado, reverenciando os antigos, lado a lado com todos os que caminham no destino único da Vida.

Não perco de vista essa essência de ser quem sou, em permanente relação ao todo, sendo parte sua. Realizo a minha comunicação aqui, agora, e nessa comunicação apresento onde estive e onde estarei. Eu me apresento como alguém que não se mede pelo outro, mas traz em si o outro. Isso é possível pela escuta e pela entrega. Pelo entendimento precioso do significado da linha que nos identifica. Essa mesma linha que nos limita é a que nos une.

Chegou o momento de juntar o que aprendi e começar a minha prática. Sei como surge a crise, preparo-me agora para viver sem ela. É a hora do treino!

Parte III

A BAGAGEM

1. Apetrechos de viagem

Viajante, a caminho, aberta ao destino que construo, sei que para realizar a viagem preciso, além de saber o que me move e como isso acontece, de meios, de ferramentas que vão me ajudar a fazer uma jornada em segurança.

Para a viagem é preciso acondicionar alimentos, água, agasalhos, sapatos adequados, embarcar no veículo certo.

Nos meus tempos de criança, quando toda a família viajava de carro, a minha avó cuidava de preparar a "matula", a comida da viagem. Não sabíamos o que iríamos encontrar pela estrada. Naquela época, andando pelo interior do Brasil, não havia restaurantes confiáveis em postos de parada. Nós, as crianças a bordo, reclamávamos de fome – mesmo sem fome – para comer enquanto viajávamos. Minha avó preparava farofa de galinha, biscoito de queijo, enroladinho de linguiça e trazia sempre laranjas descascadas, muitas laranjas. A sobremesa era de canudinhos de doce de leite e as garrafas de guaraná caçula, mesmo quentes, muito saboreadas. A viagem, por estradas de terra, sem pavimento, era uma farra.

O nosso conforto de viajantes eram o farnel e a confiança no motorista que iria parar sempre que alguém precisasse urinar, numa moita do caminho. Sabíamos que chegaríamos ao destino. Havia uma rota, havia o farnel e a companhia.

Possuo para a minha viagem da vida também a rota, o alimento e a companhia. Tenho o tripé que me irá sustentar – a minha base –, sei o que sou e sobre as minhas circunstâncias, o meu centro, que é a minha motivação, o propósito e o meu eixo – a visão que se abre de diversas posições, quando me movimento, sem medo ou raiva. Sei que pela comunicação compartilho minhas ideias, meus sentimentos, minhas crenças e meus desejos, e assim me fortaleço como parte de um sistema que também me acolhe. Sei que ao negar, excluir o que me desconforta, também perco um pouco o meu próprio sentido, já que o meu equilíbrio resulta da minha capacidade de fazer escolhas e, para isso, preciso comparar, seguidamente, todas as opções. Sei que a minha vigilância precisa ser constante, que a tentação do ilusório é inebriante.

Por tudo isso, sei que preciso de recursos para fortalecer a minha base, o meu centro, o meu eixo e para organizar a minha expressão, a minha comunicação. Preciso de ferramentas para a minha viagem.

Eu as possuo ao meu alcance, mas nem sempre as busco. A primeira delas é a minha própria energia, o meu Ki.

2. A energia, o Ki

Quando estamos cansados, a nossa energia baixa, quando estamos alegres e descansados, a nossa energia sobe. Uma pessoa feliz está energizada; alguém deprimido está sem energia. Assim reconhecemos quando a vida está mais presente, pela presença da energia.

A energia é a manifestação da Vida, é uma pulsação, é a fonte original do movimento.

Porque estamos vivos possuímos a energia interna. É a espiral transformadora que garante o existir, o aqui e agora.

Energia é tudo o que pode ser transformado em trabalho. A origem do termo, no grego, *Energes* (ativo), que deriva de *Ergon* (obra), etimologicamente significa "atividade", "movimento".

O conceito de Energia é um dos conceitos essenciais da Física. Surgiu no século XIX e é encontrado em outras disciplinas, particularmente na química. Qualquer coisa que esteja pronta para trabalhar possui energia. Nenhuma energia é perdida. Ela pode ser estocada ou ser transferida. De maneira geral, o conceito de energia se refere ao potencial para produzir uma mudança.

Einstein, na sua famosa equação M = E2 (Massa é igual a Energia ao quadrado), demonstrou a identidade entre a energia e a matéria, todo corpo, toda massa possui uma energia associada a ele. A matéria é energia em estado de condensação; a energia é matéria em estado radiante.

Onde existe energia, existe movimento. Essa energia pode estar aparentemente imóvel, condensada na matéria, ou pode ser vislumbrada nos lampejos das explosões de luz. No nosso corpo, a energia pode ser experimentada de diversas maneiras. Aparece na forma de sensações de formigamento, adormecimento ou vibração; ou nas emoções, como tristeza, alegria ou raiva; e ainda nos movimentos do corpo que acompanham as sensações e emoções, chorando, rindo ou sentindo como se flutuasse.

A nomenclatura sobre a energia também na filosofia é bastante diversificada: Luz Astral (Cabala), *Prana* (Ioga), *Mana* (Kahunas), Energia Orgônica (Wilhelm Reich). No Japão, a energia é conhecida como "Ki", e, na China, como "Chi".

A energia é a força oculta que se manifesta com a ajuda de coisas. Reconhecemos a presença da energia elétrica, por exemplo, por alguns dos seus efeitos: a água gelada, a luz acesa, o choque se colocarmos a mão no fio desencapado ou o dedo na tomada. A energia movimenta corpos, objetos, mesmo permanecendo invisível.

Na Antiguidade, o conceito de energia vital foi difundido por sábios da China – Lao Tse, Chuang Tse, Huai-nan-Tse, Confúcio,

Mêncio –, e aparece nas tradições religiosas como budismo, confucionismo, taoísmo, xintoísmo, bramanismo. A ideia é que a energia representa a força responsável pelo movimento cíclico de crescimento, florescimento, decrepitude e morte de todos os seres vivos.

O Wu Chi, princípio ancestral dos chineses que se referia à fonte original, era simbolizado por um círculo, o Tai Chi, denominado o "grande princípio primordial" de tudo o que existe, ou viga mestra. O Tai era representado por um círculo dividido em luz e escuridão, *yang* e *yin*, cujos indícios etimológicos não são conhecidos. Em seu sentido original, *yin* significa o nebuloso, o sombrio, e *yang* é simbolizado por estandartes tremulando ao sol, ou seja, algo que brilha, que está exposto.

Pelo respeito e conhecimento dos ciclos da natureza, o sábio, na filosofia chinesa, era aquele que sabia viver num regime alternado, feito de atividade livre e de retiro restaurador. Compreendia o contraste que realiza a pulsação geradora, não antagônica, produzindo o *yin-yang*, a energia vital.

A energia é a intenção, o que nos movimenta, o impulso interno. Ela é a intenção que dirige nossas ações a partir das quais realizaremos o nosso propósito. É o potencial que se transforma em resultados; é a resposta à antiquíssima questão, por exemplo, sobre o que motiva os indivíduos a lutar.

A acupuntura, técnica de tratamento de saúde desenvolvida há cerca de três mil anos na China (há autores que defendem que ela data de antes disso), baseia-se no entendimento da circulação de energia pelos meridianos do corpo – caminhos dentro do organismo –, cuja função é restabelecer e proteger órgãos, tecidos, músculos e ossos, mantendo o equilíbrio interno pelo fluxo da energia e do sangue. Cada órgão e parte do corpo possui um tipo de Chi e, quando estão fracos, a nossa saúde é afetada.

Também o Tai Chi – conjunto de exercícios desenvolvidos por monges taoístas no século XIII para serem praticados por pessoas de qualquer idade, porque não exigem força –, composto de movimentos gentis, ajuda a melhorar a coordenação motora e harmonizar corpo e mente, por meio do equilíbrio da energia.

A energia possui várias dimensões: o aspecto espiritual – alma, *ethos*, espírito, o aspecto emocional e afetivo, a intuição, o sentimento, a sensação – e o aspecto psicofísico, a respiração. A harmonia entre essas dimensões aparece na harmonia com que nos estruturamos e nos relacionamos, criando a nossa própria história. A energia é o amálgama da técnica – o conhecimento, a experiência – ao reconhecimento da circunstância – que aparece no movimento, na atitude – de maneira automática, natural, espontânea.

A energia é o nosso recurso primordial à nossa disposição e que, para ser acessado e potencializado nessa nossa viagem, precisa de estímulo. A energia, o Ki, é fortalecida pela respiração.

3. Respirar

> *E o Senhor Deus criou o homem da poeira do chão e inspirou atrás de suas narinas o sopro da vida; e o homem se tornou uma alma viva.* (*Gênesis*, 2,7)

A vida se manifesta no ato de respirar. E a respiração é a expressão do movimento da energia vital. Ela acontece num fluxo contínuo de abrir e fechar, de crescer e comprimir, coerente com a pulsação e o escorrer constante do sangue pelas artérias do nosso corpo.

É por meio da respiração que entramos em contato com a nossa alma, com a nossa dimensão mais sutil, com a energia da vida, com o ar, invisível e nutritivo.

Nosso fluxo de energia é alimentado pelo modo como estamos respirando. Se prestamos atenção em nossa respiração nos instantes em que estamos experimentando uma forte emoção negativa, notamos que interrompemos e reprimimos o fluxo natural da respiração, pois, de fato, as reações básicas e automáticas nessas ocasiões são contrair o corpo e sufocar a respiração. É uma resposta rápida para conter sentimentos indesejáveis, para impedir a experiência, porque as emoções fluem por meio da energia. A maneira como respiramos revela o nosso estado emocional.

Quando contemos a respiração ou inspiramos e expiramos em ritmos fortes, alteramos o nosso nível de consciência e o funcionamento do nosso organismo. A maneira como respiramos afeta o volume de energia e a maneira como ele caminha dentro do nosso corpo.

Quando diminuímos o volume de energia no organismo, também reduzimos a consciência do sentimento, das sensações, das emoções. É uma tentativa, nos momentos de sofrimento, de nos aliviarmos de situações dolorosas. Não querendo sentir, bloqueamos a respiração. Quando levamos um susto, paramos por um instante de respirar.

Pela repetição desse mecanismo, desenvolvemos padrões de respostas a situações de sofrimento e de ameaça e definimos a maneira de perceber o mundo. Tentamos negar a dor, pela supressão daquilo que nos faz sofrer, da sua não aceitação, travamos o peito e com isso também nos isolamos das possibilidades dos bons momentos.

Assim como respirar é vida, conter a respiração é a solução rápida para negá-la ou contê-la, para matar os sentimentos indesejados, um suicídio lento – uma escolha de não estar totalmente vivo. Uma prática que diminui a própria energia, o Ki.

Quando temos medo de sentir, um dos modos mais eficazes de ficar longe do sentimento é reprimir a respiração. É também uma das maneiras mais eficazes de morrer para todas as possibilidades que estão além do entendimento superficial e rápido de uma dor ou constrangimento. Nem sempre vamos enxergar o universo num grão de areia, mas o universo está contido ali.

Podemos testar isso facilmente. Paramos alguns minutos o que estivermos fazendo. Sentamo-nos confortavelmente e colocamos as mãos sobrepostas sobre a nossa barriga, um pouco abaixo do umbigo. Cerramos os olhos e colocamos a atenção na nossa respiração, apenas observando o movimento da nossa barriga subindo e descendo. Nessa calma apenas sentimos: ansiedade? Tristeza? Excitação? A respiração vai nos contar como estamos nesse preciso momento.

No instante em que respiramos profundamente, mais energia obtemos em nosso corpo. Aceitamos o movimento maior, da vida, sem os julgamentos restritivos, que nos levam a estabelecer de pronto o certo e o errado, o bom e o mau, o belo e o feio, mas conscientes nos rejubilamos por estarmos incluídos numa grande corrente cujo destino é a Vida.

A todo tempo, borbulham paralelamente mil e um processos vitais em nossos corpos, sobre os quais, geralmente, estamos inconscientes e desinformados. São eles que estruturam a nossa saúde e definem muitas das nossas atitudes, as nossas respostas ao mundo. A nossa respiração pode nos informar sobre esses acontecimentos e nos proteger do que nos enfraquece informando-nos como estamos.

A respiração é a única função fisiológica que pode ser feita simultaneamente de forma consciente e também quando estamos completamente inconscientes. Ela é controlada por dois diferentes grupos de nervos: voluntários e involuntários. Pode assim influenciar deliberadamente o sistema nervoso autônomo e mobilizar o sistema parassimpático.

Em outras palavras, pela respiração, é possível gradualmente diminuir o batimento cardíaco e a pressão sanguínea e serenar a mente. Stanislav Grof, psiquiatra tcheco do início do século XX que estudou os estados alterados de consciência, lembrava que há séculos se sabe que é possível provocar profundas mudanças na consciência humana, por meio de técnicas que envolvem a respiração.

Os procedimentos com essa intenção, utilizando a respiração, nas culturas antigas e não ocidentais, cobrem uma grande área, que vai desde intervenções drásticas até os mais sutis e sofisticados exercícios de várias tradições. O batismo entre os essênios era uma submersão forçada dos iniciantes na água que quase os sufocava. Visava uma convincente experiência da morte e do renascimento.

Mudanças profundas, lembra Grof, podem ser induzidas na consciência por duas variações extremas da respiração: são as experiências de nascer (inspiração) e de morrer (expiração), que experimentamos diariamente sem nos darmos conta que vão construindo os ritmos da nossa existência, do nosso organismo e a nossa consciência.

O objetivo da respiração consciente, segundo Leonard Orr, psicoterapeuta norte-americano que desenvolveu o método denominado "Renascimento", baseado na respiração, não é fundamentalmente o movimento do ar quando respiramos, mas sim o movimento da energia – esses fluxos de energia são a fusão entre o espírito e a matéria.

A mente e o corpo estão intrinsecamente ligados e a sua interação exerce a cada segundo uma profunda influência na saúde e na doença. Pela prática de exercícios de respiração, entre eles a meditação de um ponto, que é a atenção focada e consciente na entrada e saída do ar dos nossos pulmões, é possível alcançar-se o relaxamento que atenua efeitos negativos na nossa saúde.

Nos anos de 1967 e 1969, a equipe do dr. Herbert Benson, da Escola de Medicina de Harvard, nos Estados Unidos, mediu os efeitos da meditação nas funções fisiológicas. Os resultados obtidos com os voluntários praticantes de meditação foram impressionantes. Comparados a um estado de repouso simples, os voluntários consumiram 15% menos de oxigênio durante a meditação, além de terem produzido menos gás carbônico. O ritmo respiratório diminuiu de 14 a 15 respirações por minuto (nível normal) para 10 a 11.

Foi observada também uma queda acentuada na quantidade de uma substância química chamada lactato na corrente sanguínea. Em estudos psiquiátricos, altos níveis de lactato são associados a ansiedade e inquietude; baixos níveis, a paz e tranquilidade. O estudo encontrou alguns dos níveis mais baixos já registrados em seres humanos.

Finalmente, o experimento observou que os padrões de ondas cerebrais durante a meditação foram mais lentos que os encontrados durante pensamentos cotidianos. Houve mais ondas de baixa frequência alfa, beta e delta no período de meditação – ondas associadas a repouso e relaxamento – e menos ondas beta, de alta frequência, relacionadas à atividade normal durante a vigília.

A meditação é uma prática descrita em todas as grandes tradições religiosas. No judaísmo, por exemplo, no quarto e quinto século d.C., os seguidores de uma filosofia chamada merkabolismo ficavam em posição fetal e se concentravam apenas na respiração.

No cristianismo, preces repetitivas que remontam ao tempo de Cristo evoluíram oralmente, aparecendo primeiro entre os Monges do Deserto, ascetas que viviam no norte do Egito no segundo, terceiro e quarto século. Uma dessas preces acabou sendo codificada no século XIV, no monte Athos, na Grécia, onde a técnica ainda é praticada nos monastérios bizantinos. As instruções eram prestar atenção à respiração e repetir silenciosamente, a cada expiração, "Senhor, tende piedade de mim". Se surgissem outros pensamentos na mente, as instruções eram desconsiderá-los passivamente e voltar à prece repetitiva.

Encontram-se práticas muito semelhantes no islamismo, budismo, xintoísmo, taoísmo, confucionismo; a única diferença está nas palavras ou mantras que se repetem. No islamismo, onde o processo é chamado Dhikr, a repetição, por exemplo, de uma expressão do *Corão* ou a palavra Alá. Em uma cerimônia do xintoísmo, o foco é contar e respirar junto. Numa prece do budismo tibetano, repete-se a expressão *Om Mani Padme Hum* (Salve, ó Joia do Lótus).

Em síntese, o relaxamento obtido pelas práticas da atenção à respiração produz uma série de mudanças fisiológicas no organismo do praticante: diminuição do consumo de oxigênio, do ritmo cardíaco, do ritmo respiratório e da tensão muscular abaixo dos níveis de repouso – além de uma diminuição da pressão arterial em algumas pessoas e mudança do padrão normal de ondas cerebrais de vigília para um padrão onde predominam ondas cerebrais mais lentas.

O ato de respirar consciente, embora simples e com efeitos maravilhosos, não pode prescindir de providências anteriores para acontecer. Vamos buscar outra ferramenta de apoio: o silêncio.

4. O silêncio

Preparados para a jornada, nos aquietamos para escutar o silêncio.

O silêncio é o espaço onde a verdade se expressa.

No silêncio, aflora o que não foi dito.

No silêncio, é onde ficamos diante de nós mesmos.

No silêncio, gritam os medos, as inquietações, e surgem, mansas, a serenidade e a confiança. Com eles seguiremos, firmes, em silêncio ainda.

Em silêncio, oramos pelas forças que queremos, pelas fraquezas que tememos, pelos sonhos que queremos assistir nas nossas noites.

A nossa bagagem agora está organizada, a nossa passagem, comprada, o nosso destino é a vida. Se nos sentimos inseguros e assustados com a jornada e o porto, incerto ainda, em algum ponto adiante, a distância vai parecer menos assustadora se, mudos, quietos, abraçarmos o nosso destino possível, em silêncio. Porque, em silêncio, podemos olhar sem distrações e usufruir a pausa. Respiramos intencionalmente.

Na pausa se define o ritmo da melodia. Entre uma nota e outra, o silêncio.

Ao final de inspirarmos, numa fração de segundo, experimentamos o silêncio antes de ser possível expirarmos.

O silêncio é o momento mágico em que nos concentramos – conscientes ou não – da entrada do ar e da sua saída. Ele é aquele que liga o expandir ao comprimir, tornando possível o movimento. Não fosse essa curta passagem juntando um e outro, a vida seria irrealizável.

Fiquemos assim, alguns minutos, em silêncio olhando para o abrir e fechar das nossas narinas, conduzidas pelo ar que impulsiona a nossa vida. Harmonizamos corpo, sentimento e pensamento.

Mas como conquistar o silêncio, se a nossa inquietação gera tantos ruídos, se estamos em desconforto? Temos à mão mais uma ferramenta: o meu próprio corpo relaxado.

5. Relaxar e engraxar as juntas

O Kung Fu Panda é um personagem adorável de filme de animação. Ele é um urso que foi revelado como grande mestre da tradição Shaolin do Kung Fu, sem ter se preparado para essa grande missão. Numa cena do segundo filme – *Kung Fu Panda 2* –, o vilão ataca com canhões o urso que está no mar e ele redireciona as balas para o atirador, destruindo as armas e infligindo uma derrota sem apelação a ele. É quando o vilão pergunta: "Como isso aconteceu? Como foi possível, se eu destruí tudo o que você tinha?" E o nosso urso responde: "Não sei, relaxei os ombros assim (e se sacudiu, fazendo uma volta em torno de si mesmo) e pronto!"

O nosso gracioso personagem resume a condição essencial para que possamos reverter uma situação ruim e nos proteger de uma adversidade: estarmos relaxados. Assim podemos agir com foco e calma e obter o melhor resultado possível, mantendo-nos preservados.

Quando estamos tensos, ficamos rígidos e não conseguimos nos movimentar com agilidade e harmonia. Perdemos a oportunidade do momento, ficamos lentos e somos atingidos! Quantas vezes achamos a boa resposta horas depois da pergunta quando estamos descansados? "Eu devia ter dito isso e aquilo!", pensamos.

O relaxamento corporal é uma precondição para ficarmos calmos, para aproveitarmos o silêncio e dirigirmos a nossa respiração, fonte da nossa vitalidade.

A energia como combustível impõe o movimento, o trabalho ao nosso corpo. A vida não aceita a imobilidade, e o movimento impõe o relaxamento.

Estar relaxado é estar em um estado de serena atenção. É diferente de estar largado, em abandono e lassidão. Pode ser entendido como aquela postura frouxa, largada, sem vértebra, sem tônus, diluída e gelatinosa. Nada mais impreciso. O relaxamento é um estado de rigidez externa e flexibilidade interna. Ono Sensei costuma dizer: "a casquinha, o corpo, fica firme, por dentro ficamos fluidos".

Essa condição aumenta a acuidade dos sentidos e nos capacita a agir com muito mais rapidez. Relaxados, estamos tranquilos, centrados, preparados para responder no momento em que as situações se apresentam, não antes, não depois.

O conceito de relaxamento não é muito fácil de ser explicado.

No Japão dos samurais, desenvolveu-se a arte de forja de espadas. No Ocidente, o guerreiro levava uma espada pesada, uma peça única de ferro; como uma lança, ela era manejada pelos fortes. O samurai japonês levava consigo uma espada cuja leveza, flexibilidade e eficácia surpreenderam os inimigos.

A maneira como é fabricada a espada japonesa oferece uma boa pista do que é o relaxamento. A partir de uma peça de três quilos de minério de ferro, o mestre espadeiro produz uma lâmina afiadíssima, brilhante e perfeitamente acinzelada. O primeiro estágio da fabricação da espada é a fundição do minério e sua moldagem na forma de um bloco retangular sólido ao qual é afixada uma espécie de cabo bem comprido, o qual depois será retirado. O bloco é batido na bigorna até ficar achatado. Essa peça achatada pode ser coberta de palha ou mergulhada numa solução que remove as impurezas do metal. Ainda aquecida ao ponto de ficar vermelha, ela é fendida na metade com um formão e dobrada sobre si mesma, de modo a assumir novamente um formato retangular. É recolocada na fornalha e o processo repetido inúmeras vezes.

O ato de dobrar, bater e redobrar dispõe o aço em camadas finíssimas, semelhantes às de um compensado laminado de madeira, tempera e dá fio à lâmina, dando origem às suas qualidades especiais: a flexibilidade e, ao mesmo tempo, a firmeza. O temperamento é feito depois que a lâmina foi achatada e formada com um lado mais fino. O metal é aquecido a uma temperatura exata, que só o mestre espadeiro consegue avaliar, pela cor da lâmina no fogo. O procedimento de temperar endurece o exterior da lâmina, mas deixa o interior relativamente macio. Com isso, ela se torna menos frágil e ligeiramente flexível.

Ao se olhar no microscópio o fio da lâmina, o que se enxerga são dezenas de camadas de aço empilhadas com espaços mínimos entre si. Esse vazio dá à espada a maleabilidade e a força. Assim como os bambus, a espada samurai era oca – e o vazio lhe facilitava o movimento solto e relaxado.

Se cada um de nós, como a espada, ou bambu, mantemos o espaço interno com o vazio, podemos nos dobrar, nos curvar. Esse vazio corresponde à verdadeira prontidão, disponível para responder imediatamente a um impacto, sem tentar contê-lo. Só o relaxamento propicia essa capacidade. A rigidez concentra tensão, o relaxamento libera e fortalece a energia necessária ao nosso movimento. Esse vazio de ideias preconcebidas, de pressupostos que não bloqueiam o fluxo de energia...

Os exercícios de alongamento das articulações e dos músculos são importantes para a obtenção do relaxamento. Como resultado, nosso andar se modifica, a nossa postura corporal fica mais leve. Relaxados, os nossos ombros ficam liberados, e não retos, tentando carregar o mundo, manter tudo sob controle. O pescoço e as costas distensionam. Quanto mais relaxado estiver o corpo, mais amplos serão os nossos gestos. O aperto de mão é mais caloroso, o abraço, natural.

Rígido, cristalizo no meu corpo o que calcifico na vida, meus sentimentos, minhas emoções, meus desejos, meus sonhos. Reduzo a minha habilidade em me movimentar, em caminhar.

Todavia, ainda que eu possa conseguir chegar ao relaxamento com alongamentos, exercícios de ioga e de todos os tipos, o estado desejado só será alcançado se, ao fazer cada uma dessas práticas, o fizer em bom espírito.

E não há subjetividade nesse "bom espírito". É o exercitar-se com um sorriso interno.

A imagem que me ocorre é o imaginar a si mesmo sorrindo e colocar a sensação que decorre daí, para dentro do corpo. Ou seja, rir para dentro. Automaticamente esse sorriso contagia as células, as vísceras, as articulações, como que as afrouxando, deixando o corpo mais leve e flexível. É quando então realizamos o "engraxar das juntas", flexionando e alongando braços, pernas, quadris, tornozelo, pescoço, ombros e punhos.

Qualquer movimento realizado pelo organismo vivo exige flexibilidade, que é mais eficaz na geração de capacidades e de proteção à saúde do que a rigidez. Pela doce flexão, nos adaptamos e seguimos, pela rígida contenção, nos quebramos. É clássica a imagem dos textos das tradições orientais que nos levam a refletir entre a sabedoria do bambu, que se curva às tempestades, e do carvalho, que se impõe a elas e é partido ao meio. Quando o sol surge depois da tormenta, brilha o bambu a salvo, bailando agora na brisa; no poderoso carvalho com as raízes arrancadas e o tronco ferido, quando tentava conter a fúria das águas e dos raios celestes.

A rigidez é o anteparo, uma tentativa de conter um fluxo, um acontecimento. Assemelha-se à supressão da respiração nos momentos difíceis ou dolorosos. Produz uma falsa sensação de controle, de poder, que o corpo desmente, revelando tensão e desconforto.

O corpo conta, na sua maneira própria de se expressar, o que muitas vezes tentamos esconder: sentimentos, desejos, opiniões, crenças. É um ato desesperado o de buscar represar o que existe. No máximo, o que podemos fazer é direcionar, ressignificar, mas somos incapazes de conter o que já se manifesta. A educação para que não brote a ideia, o sentimento, o desejo, é a própria consciência da sua chegada. Se a percebemos, podemos reconduzi-la, se não nos damos conta da sua proximidade, ela irá se manifestar sem que percebamos, surpreendendo-nos em nossa ignorância.

Pessoas rígidas, sob tensão, reagem sem medida a uma provocação. Quem nunca ouviu falar do sujeito que atira no motorista que o ultrapassou?

Tenso, o corpo torna-se rígido e ríspido. E as atitudes que manifesta também acompanham essa tensão.

Durante uma conversa, se observo o comportamento do meu corpo, percebo as minhas emoções, minhas vontades, meus juízos diante das provocações e dos pontos de vista do meu interlocutor. Enrijece se estou com medo; fica tenso se tenho ansiedade; projeta o meu tronco para a frente em posição de luta, disposto a brigar, num impulso de raiva contida; oscilo quando estou um pouco atordoada, procurando um ponto de equilíbrio. Conto, nesse balançar, o meu desconforto com a situação. A cada instante eu me exponho – em gritos e em sussurros, numa linguagem de gestos, de sinais de contração e de expansão.

A linguagem não verbal – os gestos, as expressões faciais mudas, a respiração ofegante ou serena, o tom de voz, o ritmo de fala

– conta o que as palavras muitas vezes tentam esconder. Essa fala frequentemente silenciosa é a linguagem dos segredos da alma.

Os pesquisadores dessa semiótica nos ensinam que a força dos sinais não verbais é avassaladora: 55% das nossas mensagens, dos nossos conteúdos – emocionais e intelectuais –, são transmitidos pelos gestos e pela expressão facial e 38%, pelo tom da voz. Isoladamente, o rosto é o que mais carrega significados na comunicação. O conteúdo das palavras é responsável por apenas 7% da comunicação interpessoal.

Se a fala acelerada demonstra nervosismo e ansiedade, a voz alta denota insegurança, braços cruzados diante do outro indicam resistência, o olhar para cima pode ser mentira ou o resgate de uma memória, dentes cerrados, raiva... um longo léxico construído ao longo da nossa história humana. Sinais que foram sendo aprendidos, assimilados e que fazem parte da nossa natureza. Foram absorvidos na prática da vida diária, em condições variadíssimas, e tantas vezes repetidas pelos milhares de anos que se tornaram parte do que somos. Assim moldamos nosso corpo e a sua fala.

Ao contar – mesmo que por sinais que podem passar aparentemente desapercebidos – como somos, o que queremos, o que tememos, o nosso organismo está revelando a intensidade da nossa energia interna, aquela que traduz a vitalidade e por meio da qual vamos materializar o nosso propósito. A energia mantém o corpo equilibrado, saudável. Mas a energia precisa do corpo relaxado para criar força.

Esse poderoso e insubstituível veículo, nosso corpo, será sempre o meio pelo qual realizaremos a nossa jornada. Através dele existimos e nos manifestamos. Sem o corpo não há o estar vivo, o relacionar-se, o real. Portanto, é essencial que o reverenciemos, que cuidemos dele e o mantenhamos preparado para a jornada.

Hoje os hábitos da maioria das pessoas substituem a atividade física por horas incontáveis diante do computador. O sedentarismo responde por grande parte das moléstias que acometem jovens e idosos. Os casos de hérnia de disco cada vez mais frequentes entre jovens é uma mostra concreta do que acontece. As clínicas de fisioterapia recebem crescente número de jovens com esse diagnóstico, resultado da falta de cuidado com o corpo.

Abrir mão do próprio corpo, com desdém, é desatino. Mantê-lo é colocá-lo a nosso serviço. Ter consciência da sua fala, permanecer atento à sua história e às revelações deve ser parte do nosso treino diário. E é necessário também irmos um pouco além dessa consciência: é preciso ajudar o próprio corpo a manter a sua inteireza e nos assegurarmos do nosso domínio sobre ele. O corpo é o veículo; o condutor somos nós – a nossa história, as nossas intenções, a nossa atenção. De onde vim, para onde pretendo ir e onde coloco, agora, o meu interesse, o meu foco. Esse sou eu. Esse é cada um de nós.

O nosso veículo se abastece da nossa energia e responde com vitalidade. Acelera, responde, se se encontra preparado. A preparação para a resposta é o estado de relaxamento. O estado de relaxamento proporciona a flexibilidade que facilita movermo-nos no espaço físico e na vida. Isso é obtido pela repetição determinada de exercícios físicos ritmados com a respiração.

A continuidade da prática de relaxamento pode proporcionar uma sensação de maior controle sobre a própria vida. Em vez de nos sentirmos como a "rolha boiando no mar", a prática regular leva à sensação de que as emoções – as reações fisiológicas que as acompanham – podem ser controladas. Um benefício psicológico maior é a sensação de segurança.

As mudanças fisiológicas experimentadas pelo relaxamento seguem também o aumento da capacidade de a mente se tornar mais receptiva às novas informações. No espaço calmo da mente em que a desatenção e a distração desaparecem, aumenta a capacidade de concentração e resolução de problemas.

As pesquisas demonstram que, nas pessoas que fazem regularmente o relaxamento, o corpo é menos receptivo ao hormônio do estresse, noradrenalina, mesmo durante os momentos do dia em que não estão praticando o relaxamento. Isso significa que é preciso mais noradrenalina para aumentar o ritmo cardíaco ou de pressão arterial nessas pessoas do que em outras. A mudança para o bem-estar começa quando cada um de nós assume a responsabilidade pelo próprio cuidado.

O relaxamento facilita a expressão do nosso corpo por meio do movimento oportuno e fluido, e isso é retribuído com o silêncio que permite a respiração restauradora e que fortalece a energia criadora. Mas não será apenas por um ato de vontade que vou conseguir submeter o meu corpo a si mesmo. Ainda preciso de ajuda. É necessário que eu me ouça, que escute a mim mesmo.

6. A escuta

O universo foi criado pela força de uma expressão de vontade. "Faça-se a luz", e a luz se fez. A vida, que era um potencial, surgiu pela escuta da vida, na ânsia por si mesma. A palavra dita precisa ser acolhida para produzir milagres.

O estudo das microexpressões faciais revelam emoções universais: tristeza, alegria, medo, desprezo, nojo, raiva, surpresa e vergonha. O dr. Paul Eckman descobriu que é impossível mentir sobre o que sentimos e o que revelamos numa fração de segundo.

O desprezo, que é a negação da escuta do outro, antecipa a ruptura do vínculo. Um estudo demonstrou que casais que mostravam desprezo logo se separavam.

A escuta é um exercício do coração. É ficar disponível para receber o que vem.

Aquilo que chega tem fontes diversas, e aporta, sempre, primeiro no meu corpo. O corpo é uma antena que captura e emite sinais.

Assim, é preciso entregar-se com atenção e interesse a essa fonte de informação e de criação, o meu próprio corpo.

Para isso, reduzo um pouco meu tamanho. Encolho um pouco o meu pescoço, como que para receber o que brota e cresce. Cerro as pálpebras e escuto.

Eu me entrego de corpo e alma a essa força reveladora que existe para me proteger de riscos, dos perigos. Esse som, esse canto quase silencioso é um alerta gentil e delicado que me acorda para a minha marcha consciente.

Estar disposto a ouvir é estar aberto à existência dos dois universos distintos e complementares: o eu e o outro; e dar a cada um deles o silêncio reverente de quem os reconhece na sua força e nas suas fraquezas.

Ao me debruçar sobre eu mesmo, realizo a escuta do meu corpo. O que me conta esse organismo vivo – febril ou disposto, faminto ou saciado, tenso ou relaxado, trepidante ou apático? Olho-me nas mãos, nos braços, nas pernas, docemente observo os meus passos, como contenho os meus ombros, como jogo os meus quadris, como elevo o meu pescoço. Onde dói, onde está o prazer, onde está a inquietação, onde está o medo?

Escuto pacientemente cada sílaba e não tento explicar. Eu toco onde o som toca em mim, no meu corpo, e sinto onde ele se aloja. Permaneço em mim, na minha escuta generosa, e descubro o que é esse som nas minhas vísceras, na minha pele. O que ele me conta? O que me revela? O que me ensina?

Essa escuta me mostra como eu me nutro, como eu me cuido, como eu me mantenho. Aprendo a discernir que ter fome é diferente de "eu quero comer". Descubro que o cansaço não é o mesmo que a ter vontade de ficar deitado, inerte. Descubro que vitalidade não é o mesmo que agitação.

O meu corpo é o meu carro, o meu veículo com o qual percorro a minha estrada. Sem ele não posso empreender qualquer viagem. Sem ele fico retida no espaço da imaginação, do não realizado, do irrealizável. Preciso do meu carro para conhecer múltiplas paisagens.

A escuta do meu corpo é o primeiro exercício de conexão com a vida e com o meu propósito. Não posso excluir o meu corpo da minha trajetória. É com ele que eu sigo, é ele o primeiro a ser ouvido. É ele o primeiro a me informar sobre o meu destino, o meu rumo, a minha vida. Aquietar-me para ouvi-lo me facilita desvendar outros mistérios.

Há causas e condições para que as coisas aconteçam, para que a vida se desvele.

Há mistérios, mas não há segredos.

Há causas, porquês, razões, motivos.

Há condições, momentos, recursos, meios.

Por que chove hoje? Porque o vento soprou e trouxe a nuvem. Por que o vento soprou hoje e não ontem? Porque foram criadas condições meteorológicas hoje... e por quê? E por quê?

As causas residem no espaço habitado pelos mistérios.

Causas são insondáveis e, embora sempre existam, estão na raiz do que aflora, mas são indevassáveis. Vamos percorrendo na escala do tempo todo o processo que culminou neste momento, indo a momentos cada vez mais remotos, até que nos perdemos no primeiro grão de areia que iniciou o deserto. E por quê? E por quê? Não há porquê. Há como. Há como o primeiro grão de areia foi levado, há como o vento soprou, há como a chuva caiu, há como nos demos as mãos, há como nos despedimos.

Condições são as circunstâncias, o mutável, previsível, muitas vezes controlável ou contornável. É a situação propícia ou desfavorável ao plantio ou à colheita. É a fase da lua que injeta o mar ou recua as ondas; é a juventude fértil para gerar ou a idade avançada que convida à senilidade. Condições não têm a força do império, têm a naturalidade.

Ao atentar às condições, desvendo o movimento guardado em segredo.

Ao ouvir o que muda, percebo as transformações que chegam silenciosas.

A escuta é ouvir o movimento do grão sendo conduzido ao deserto, é cantarolar junto com o sopro do vento, é refrescar-se sob a chuva, é receber as mãos e acenar em adeus.

A escuta é a atenção dirigida com interesse, sem a curiosidade da explicação. Escuto o meu corpo em reverência, recebo a informação e aceito o mistério.

Aceito, na minha escuta, o mistério, e não tento esgotar com análises e explicações toda a cronologia que me trouxe aqui. As causas são parte do mistério, a escuta é a revelação do segredo. Onde estou neste momento?

E apenas quando eu me reconheço, no presente do meu corpo, posso continuar na minha escuta. Agora ouço o meu coração.

Ainda que aconteçam coisas lá fora, no mundo, o meu corpo me informa, me alerta, me sinaliza. Como as nuvens são trazidas pelo vento antes da chuva, o nosso organismo funciona como um radar que nos conecta com o que acontece à nossa volta. Quem não conhece as dores nas articulações da idosa que anuncia a mudança de tempo?

Numa outra esfera mais sutil, o nosso corpo, quando ouvido, nos conta também a respeito da nossa vitalidade ameaçada, dos riscos que corremos nas relações com as pessoas. O nosso corpo consegue processar tanta informação que envergonharia um computador de grande potência. Nas nossas células, repousam a nossa história pessoal e a história da nossa espécie. É um depósito vivo e renovável de informações que não podemos desprezar.

Se comemos o que o nosso corpo pede, não adoecemos ou engordamos; se comemos com a nossas fantasias e emoções, o alimento se tornará veneno. Mas para diferenciar é preciso escutar. Aprendo sobre as minhas emoções, sobre os meus sentimentos.

Pelo sangue que corre em mim aprendo sobre a minha fúria, a minha ansiedade, o meu controle. Acelerado, ele irrompe sobre o meu coração e me agita. Estou tensa.

A água que poderia me lavar por dentro seca e produz areia, pedra e bloqueia meus rins. Tenho medo. Estou aterrorizada.

A minha voz se cala em sufocada agonia; minhas palavras cortam o ar como adagas. Meu oxigênio é a bile escura. Tenho raiva. Enfureço.

Bailo e os meus quadris cadenciam no ritmo das palmas. Minhas juntas se dobram e se abrem. Eu me alegro, rio.

Identifico minha emoção e olho para ela com graça e cordialidade. Com minhas emoções, ficam aparentes meus desejos, minhas frustrações, minhas impossibilidades, minha ganância, minhas perdas. É a escuta do sentir.

A minha escuta do sentir é feita pela consciência da minha respiração. Ao escutar, concentro-me apenas nesse ato e relaxo. Relaxada, respiro. Funciona como uma espiral.

Inspiro e expiro. Onde estou guardando o ar que trago para o meu corpo? Eu o coloco como a um prisioneiro no meu peito, oprimindo o meu coração? Eu o coloco como uma alavanca que impulsiona o meu ser a partir da minha barriga, do ponto central do meu corpo, irradiando moléculas de oxigênio por todas as minhas células? A entrada do ar é curta, difícil, ruidosa? O ar me tira o fôlego? Eu me sufoco ao respirar? O ar está entrando e saindo do meu corpo no compasso do meu coração? O meu coração se apressa para esse inspirar e expirar? O que trago para dentro do meu corpo quando inspiro? Trago medo, tristeza? Trago alegria, serenidade? O que eu devolvo ao espaço ao expirar? Devolvo dor, amargura, vergonha? Devolvo confiança, fraternidade, unidade?

Escuto o meu respirar e ouço o meu coração – resfolegante ou sereno. Se estou triste e olho com delicadeza para minha tristeza, sem me condoer, descubro como vivo nesse momento. Estou em sofrimento, luto. Experimento uma perda. Ouvindo a minha tristeza, dimensiono a perda. Dou a ela significado e importância. Qual o seu tamanho, se a comparo ao meu propósito, à minha vida? Eu perdi um emprego, perdi um amigo, perdi o contrato, perdi o ônibus, perdi... Eu perdi a chance de ser feliz? Eu perdi o meu propósito? Onde eu coloquei o meu propósito? No emprego, no amigo, no sucesso financeiro, na pontualidade? E quando eu tiver um novo emprego, quando eu fizer novos amigos, quando eu tiver mais clientes, quando o outro ônibus passar, eu serei feliz?

O que me faz feliz? O que me deixa triste? Qual o tamanho da minha alegria? Qual o tamanho da minha tristeza? Qual a extensão da minha raiva? Qual o poder do meu medo? Qual a força da minha indiferença? Qual o destino do meu desdém? O que me conta o meu coração?

Ao escutar o meu coração, aprendo sobre o meu sentir e o poder das minhas emoções. Compreendo, ao experimentar sensações, o que são para mim felicidade e infelicidade. Quanto tempo dura essa infelicidade? Quanto tempo dura essa felicidade? Quantas respirações? Quanto da minha vida a raiva e o medo consomem?

Aprendo sobre a gangorra – estou feliz! Agora, no alto! Estou infeliz, agora, em baixo!

O que me leva para cima, o que me leva para baixo? O que contenho no meu coração? O que eu oprimo? Tanto o negativo quanto o positivo fazem a gangorra subir e descer.

O grande e o pequeno, o bom e o ruim são atributos que escolhemos para caber na nossa vida. Qual é o tamanho da minha vida? Qual é o meu propósito? Todos os pesos e as importâncias têm como parâmetro a nossa própria vida. A maneira como vivemos a vida dá a medida de todas as coisas, estipula o tamanho e a extensão da felicidade e da infelicidade.

Em um cenário de concorrência no qual as competências são comparadas, o vencedor é o que obtém o melhor desempenho. O corredor mais veloz será o premiado na corrida. Para competir, os atletas treinam, se preparam. O esforço é recompensado com a vitória. Quando existe apenas um prêmio, ganha quem tem mais sorte e mais preparo. Esta é natureza da concorrência: uns eliminam os outros; o mais forte elimina o menos forte; o mais sábio elimina o menos douto; o mais rápido elimina o mais vagaroso; o mais astuto elimina o mais ingênuo. A concorrência é um processo seletivo no qual vão ficando os mais hábeis, os mais competentes, os mais fortes, os mais determinados, os mais preparados.

Sigo escutando o meu corpo, respirando, relaxadamente.

Afinal, a vida não é um torneio. A vida não é uma competição, um campeonato. A competição é uma das circunstâncias da vida; não é a vida. A disputa é uma experiência menor que a vida; não é a vida. Viver a vida não é participar de uma corrida que se ganhe por derrotar o outro. A corrida da vida não tem competidores. Todos nós chegamos ao final da corrida. Na chegada, todos temos o nosso troféu, dado por completarmos a corrida. E chegamos, de um jeito ou de outro – mais ou menos cansados, mais ou menos fracos, mais ou menos dispostos, mais ou menos realizados. A medida do resultado é dada por nós mesmos ao comparar, na chegada, o quanto realizamos dos nossos propósitos.

Outro nível de escuta é a escuta da minha mente. Nela, estão as minhas ideias e formulações, as minhas explicações, a lógica e a análise. Ela também contém os meus juízos, as minhas opiniões. Guarda a memória das minhas experiências associadas às emoções que as provocaram.

Com a mente, estruturamos e medimos as nossas relações, mas nem sempre ela tem as rédeas das nossas decisões.

Ao parar para ouvir a nossa mente, recebemos as informações sobre o que sabemos que sabemos. Ela nos traz o histórico da nossa caminhada e nos avisa sobre erros e acertos cometidos. Isso é certo? Isso é pertinente? Quais os efeitos dessa escolha?

A mente é a nossa dimensão lógica, o nosso aprendizado.

A mente soma e subtrai, multiplica e divide, faz a regra de três e todos os cálculos.

Muitos de nós funcionamos num padrão analítico. A nossa mente olha cada detalhe, hierarquiza pelos significados na prateleira de nossa racionalidade.

A nossa mente é o frio, enquanto o nosso coração é o calor. Pelo frio, ponderamos; pelo vapor produzido pelo calor, movimentamo-nos.

Quando ouvimos a nossa mente, reconhecemos o nosso aprendizado. Mas a mente é medrosa. Ela sussurra o medo do que desconhecemos e nos contém diante do novo.

A mente é cautelosa; ela nos lembra das perdas e nos previne sobre possíveis quedas à beira do inusitado.

A mente fala com autoridade e quando é ouvida quer dar sempre a última palavra.

Ouvir a nossa mente é refletir e analisar; é planejar e organizar. É enxergar com clareza o previsível. E fazer as escolhas que nos protegem e que facilitam seguir viagem.

Ouvir a mente é levar o guarda-chuva quando o tempo prenuncia chuva; é carregar comida se o trajeto é longo e não tem paradas; é abrir o envelope de notificação do imposto de renda e atender no prazo o pedido de explicações da Receita Federal.

Escutar a mente é não procrastinar respostas para perguntas que já foram feitas; é não perder prazos; é não desperdiçar recursos. É gerenciar o tempo.

Escutar a mente é diferenciar prudência de imobilidade; cuidado de desatenção.

Alguém racional é frio; alguém irracional é intempestivo.

Escutar a mente é ficar atento às tentativas de justificar o erro quando a "boa" mente se ocupa em contabilizar o que foi e está sendo aprendido.

A mente é a âncora que nos impede de cometer desatinos e que nos impede de voar. Ela nos adverte: "você não é um pássaro". Mas é parte da minha escuta também ouvir o coração. E este diz: "voa!".

Se sou tolo e impulsivo, lanço-me como Ícaro em busca do sol com asas coladas com cera e despenco em queda, sem recurso.

Mas, se escuto a Vida, ouço o que ela entoa: qual é o seu propósito?

Se o meu propósito é voar, a Vida coloca uma rede protetora para o meu voo.

E, voando, olho o horizonte.

Pelo meu olhar, defino o meu rumo.

7. O olhar

Quantas vezes nos acontece de estarmos em um local público e termos aquela sensação de que alguém está nos olhando e nos viramos dando de cara com o olhar do outro? O olhar tem um peso, antecipa um desejo.

A direção do nosso olhar antecipa o nosso movimento, de corpo e de atenção. O olhar é a bússola do nosso propósito.

O olhar sinaliza o interesse. O olhar baliza e identifica nosso foco. É onde está o cenário da nossa ação.

Uma regra de alguns mestres de artes marciais é: "não olhe para o olho do seu adversário quando ele avança sobre você porque, se fizer isso, ele vai saber como você vai agir. Olhe na direção dele, mas utilize uma visão ampla, do todo, do grande cenário, do ambiente. Se fixar o olhar em um ponto, vai revelar a sua intenção e a sua direção."

É tão verdade isso que sentimos um grande incômodo quando estamos falando com alguém que fica passeando com o olhar, sem ignorar-nos. Essa pessoa que não nos olha mostra que nos ignora, que está distante, distraída, desinteressada.

Olhar é ir além de espiar com os olhos, é apreender a dimensão do que estamos tocando com a nossa existência. O olhar é um encontro que funciona como uma bússola. Onde eu fixo o meu olhar, canalizo a minha atenção e consolido a minha intenção.

Antes de seguirmos numa direção qualquer, precisamos nos orientar, numa antecipação dos nossos passos. Essa antecipação é construída pelo nosso olhar somado à nossa escuta. Se não olhamos, não vemos, se não vemos, não enxergamos limites e não identificamos as possibilidades.

O que olhar? Como olhar?

Todo o nosso movimento e nossa comunicação são desencadeados da nossa posição, do nosso ponto de vista. Se numa sala nos posicionarmos de pé, diante de uma parede, a descrição da sala que vamos oferecer estará bloqueada pela parede. De costas para a parede, de frente para o meio da sala, ampliamos as informações e enxergamos a paisagem mais completa. É quando decidimos onde nos colocar que também definimos a direção do nosso olhar, estreitamos ou abrimos possibilidades.

Preciso agora de um mapa, para traçar o rumo.

8. Um mapa

O GPS é uma ferramenta de grande ajuda para os motoristas como eu, que se perdem nas rotas mais simples. Ele me traduz o mapa que nem sempre consigo ler. O GPS escolhe para mim por onde devo ir para alcançar o meu destino, e isso funciona na maioria das vezes, mas em outras, nem tanto.

Numa ocasião eu quis viajar de carro de São Paulo para Parati, no estado do Rio de Janeiro. Recorri ao Google Maps e pedi a rota. Veio a opção de trajeto mais curta, seguindo pela Estrada Real. Lá fui eu com a minha filha! Uma aventura! A tal estrada, de pouco mais de vinte quilômetros de extensão, mais parecia uma rota para provas de *rally* – de um lado despenhadeiros, de outro crateras imensas e pista tortuosa em terra escorregadia. Foi uma tortura de mais de duas horas percorrer a distância. Eu me recriminei por ter escolhido aquele caminho sem ter investigado o mapa.

Um mapa é o indicativo do caminho. Não é o caminho. Mas, sem o mapa, eu me perco. A viagem da vida tem um trajeto variadíssimo: desfiladeiros, rios, montanhas, desertos. É preciso ter um mapa à mão para fazer a viagem em segurança. Para programar rotas e questionar o próprio GPS.

O mapa é o conjunto de referências que me posicionam. Onde estou? Para onde vou? Como vou? Portanto, há diversos mapas que podem ser utilizados. Quando quero olhar, por exemplo, o mapa de um país – do Brasil –, posso olhar um mapa político, um mapa da divisão territorial, um mapa dos estados. Posso olhar um mapa geológico, a crosta terrestre, sua estrutura química e física. Posso escolher um mapa demográfico – onde estão as pessoas – ou um mapa econômico... Há uma variedade de referências que posso escolher para organizar o meu roteiro.

Para me direcionar na minha viagem e definir a minha rota, posso escolher utilizar o mapa que junta tudo o que está externo a mim: a opinião dos outros, os eventos do dia a dia, as metas que realizo ou que projeto, as coisas que possuo ou as coisas que perco. Então o meu trajeto vai ser feito levando em conta o que as pessoas acham de mim, de evitar ou de provocar acontecimentos. A minha rota vai privilegiar a miragem das minhas metas e das minhas posses.

O mapa com as referências do que me é externo é o caminho do desejo e da aprovação do outro. É o mapa que me guia para ser olhada pelo outro. É uma viagem planejada para agradar e atender expectativas. Mas, como eu não me entreguei à minha sina, vivo “por tabela”. Esse mapa me revela as armadilhas, os percursos mais seguros e onde pousar. É quase um manual onde posso encontrar as regras das boas maneiras, da adequação, do encantamento.

Nesse tipo de mapa, construo os meus movimentos à revelia do que ouço em mim, do que vejo em mim. Pouco importa o que eu quero ou sinto. Aliás, não sei ao certo o que quero e o que sinto. O que conta é o reflexo, meu no olho do outro. Olho o outro.

Não me olho, não me ouço, vou célere na direção da cenoura, fixada diante dos meus olhos, como aquela colocada diante do asno para que se mantenha em marcha. Assim, refém dos estímulos externos, sigo em marcha, conduzida pelo cabresto por um condutor volátil, a vontade incontrolável de agradar ao outro, mesmo com todo o risco de não ser quem sou.

É a toada dos condenados à aprovação, aos elogios, às críticas, aos interesses que lhes são inúteis. Sigo pelo aplauso, sigo pela reverência, pelo reconhecimento, pela fortuna. Sigo até quando e até quanto sou vista. Só me reconheço pelo olho do outro, e só me vejo se sou reconhecida, e se sou vista, quando sou olhada. Só assim me vejo. Nessa dependência, disfarço a minha carência consumindo mais, ganhando mais, produzindo mais. O meu estímulo não são as minhas necessidades, são os meus desejos de agradar, de ser olhada pelo outro.

É um mapa estranho. Mas por que tão sedutor?

O aspecto sutil desse mapa que nos confunde é que ele induz a crer que, ao agradar o outro, tornamo-nos generosos e bons, e, com isso, seremos amados. Pinta-se de dourado o barro para assemelhá-lo a uma escultura em ouro.

A bondade não está na base dessa entrega frenética. O que eu quero é ser aceita, aprovada, estimada, olhada. É uma falsa generosidade. Faço para ter de volta. Uso o olhar do outro para que o outro me acolha e me dê sentido. É o mapa que tomamos por empréstimo, o guia da vontade do outro que nos afasta da nossa própria vontade, da nossa necessidade, torna-nos satélite.

Um mapa emprestado pode ser e será tomado, em algum momento, pelo dono.

Um empréstimo é uma dívida a ser paga.

Ao ter o mapa tomado, fico sem rumo. Nessas circunstâncias estão aqueles momentos em que um casamento acaba, em que os filhos crescem e deixam a casa. Ficam sem um mapa de viagem o cônjuge que se sente abandonado, os pais que permanecem na casa sem os filhos. A direção era dada pelo cônjuge, a viagem era uma programação para os filhos.

Um amigo um dia me procurou para contar sobre o seu plano de sair da empresa onde trabalhava havia uns oito anos, numa função executiva. Nas palavras dele, o seu ciclo naquela organização já havia terminado. Eu o escutava, mas as suas palavras pareciam mais um desabafo do que um plano de trabalho. Afinal, o que o desgostava e o fazia ansiar pela mudança? Ele me contava que estava planejando participar de outro negócio que lhe daria mais tempo para si, para fazer coisas de que gostava. A conversa seguia. O que gostaria de fazer então que não poderia fazer agora? Pintar? Dançar? Aprender violão? Fazer um curso de filosofia? O que o impedia? Se não era isso, o que era? Bem... o meu chefe, você sabe... Não, não sei. Bem... na verdade... O impedimento não era dado pela empresa, ela era a desculpa. Chegamos ao ponto central. Ele sentia a necessidade de ver o seu trabalho reconhecido, de ser aplaudido. Queria que os seus resultados fossem validados pelos outros, e aí saberia que eram importantes.

O mapa do meu amigo era o reconhecimento em primeiro lugar e não a sua própria realização. Tomara para si o propósito do outro. Sugeri a ele que esperasse um pouco antes de anunciar a decisão e observasse o que o levava a outra direção: a vontade e a capacidade do outro ou o seu desejo.

Alguns meses depois meu amigo e eu voltamos a nos ver. Ele contou-me que havia preferido adiar a decisão da mudança. Tinha um ar descansado e alegre. Falou com entusiasmo que finalmente começara as aulas de violão. Também estava iniciando um novo projeto, e bem satisfeito com os resultados. E o chefe? Continuava alheio, mas isso agora pouco importava. Estava contente com o que estava fazendo. E sabia que, sim, outros também se alegravam.

Seguir a viagem a partir da rota que desenhamos no mapa que temos conosco é a maior garantia de que vamos chegar onde queremos. Mas podemos prescindir do olhar do outro?

Como seguir viagem sem o olhar do outro? Não será essa uma travessia impossível? Como não consumir, como não produzir, como não se alegrar pelo aplauso, como não se entristecer pelo repúdio, como não buscar a fortuna?

Em que mundo, em que universo estará esse ser que deixa de sofrer, de comemorar? Como não ter o outro em conta, se é com o outro e pelo outro que vivemos, que trabalhamos?

Todas essas questões escondem uma falácia. Como se fosse possível uma escolha que nos colocasse a alternativa de viver sem o olhar do outro, sem a sua convivência e sem a sua medida.

Tudo no outro nos afeta, tudo no outro nos diz respeito, tudo à nossa volta nos completa, nos estrutura, nos alimenta.

É absoluta a impossibilidade de sermos impassíveis, enquanto somos humanos; de sermos inacessíveis e intocáveis, de sermos impenetráveis, de sermos desprovidos de ganâncias e ambições, de sermos deuses.

Há dor, sim.

Agora que o casal se desfez, que os filhos partiram, como será a viagem?

Onde olhar? O que buscar?

Paro um instante.

Procuro seguir as pistas do meu corpo, seus sons – apelos, suspiros, cantos –; pela minha respiração, o inspirar e o expirar, ruidoso ou imperceptível, lacrimoso ou irado.

Deixo minha cabeça concentrada nesses sons, minha atenção em cada um desses murmúrios internos, enquanto localizo meu mapa, que me irá direcionar na viagem. Para encontrá-lo, preciso cerrar um momento os meus olhos. Deixar de olhar o que está diante de mim. Preciso olhar o que está dentro de mim.

Nas práticas de meditação, aprendemos a manter os olhos abertos sem exaurir o ponto ou objeto que estamos olhando. Enxergamos além do que está aparente, penetrando o que está na essência do nosso ponto de atenção. Dessa maneira, treinamo-nos a olhar dentro da nossa essência, na nossa interioridade, na nossa dimensão oculta e vital.

Temos à mão o mapa para a nossa viagem. Ele está escondido em nossa alma. Em nossa alma, estão as nossas razões misteriosas que nos impulsionam na direção da vida. Aí localizo as novas coordenadas para seguir viagem.

O mapa interno revela a minha história, o meu umbigo. Olho para a minha fonte primeira, a partir da qual a minha vida se nutriu, um esforço inerente à própria Vida, a inesgotável capacidade de permanecer.

Eu estou aqui e agora, como cônjuge abandonado, à procura de um sentido, de um rumo, de uma direção que não sei se tenho, para continuar vivendo a minha vida. Eu sofro a rejeição, eu sofro a solidão, eu sofro a tristeza do silêncio que eu não queria. Eu sinto a dor da ausência.

Eu quero viver. Eu não sei como viver.

Então, nesse momento, eu uso o silêncio que vem de fora, da partida do outro, e o coloco dentro de mim. Escuto como esse silêncio percorre o meu coração, as minhas entranhas, e como alimenta o meu choro. Daí eu choro. Eu choro o abandono, eu choro a traição, eu choro o vazio da minha cama, da minha mesa, da minha sala. Eu choro e escuto como essas lágrimas caem dos meus olhos para o meu rosto, do meu rosto para o meu peito, do meu peito para o chão. No chão, elas são absorvidas pela terra, elas secam. A terra se nutre e me devolve as minhas lágrimas sob a forma de apoio, de amparo.

Eu caminho sobre a terra. Eu tenho onde caminhar.

Caminho, em silêncio ainda, ouvindo as lágrimas que agora podem estar cristalizadas em raiva, e sinto como essa raiva me endurece. Então, olhando minha raiva, respiro lentamente e permito que o ar que ganho na inspiração penetre vagarosamente a pedra que se instalou no meu peito. Escuto as fendas que vão se formando nessa rocha quando expiro lentamente. Faço assim uma, duas, dezenas, centenas de vezes, sem pressa, escutando a pedra se partir, até que se torne areia, até que essa areia escorra também para a terra e nela se forme um montinho no qual eu possa me sentar. Agora que está fora de mim, ela me serve, momentaneamente.

Pego o mapa que encontrei dentro de mim e olho à minha volta. Há também informações preciosas no meu entorno. Assim como há uma grande sabedoria no meu pequeno mapa interno.

O movimento de olhar para dentro de mim e para fora do meu eu forma uma espiral. Cria uma nova dinâmica, um novo mapa. Eu me aproprio do que possuo e troco com o que encontro diante de mim, à minha volta. Isso cria um todo grande.

O ir e vir se completam e criam uma corrente. Eu e o outro, o outro e eu. O que tenho aqui, o que está lá. Numa simbiose respeitosa e nutritiva. É um pêndulo que me conecta a mim e ao outro. De cada um, recebo um impulso e construo uma referência. Não posso me servir apenas do que encontro no escaninho do meu eu, tampouco posso excluir o cenário externo a mim.

A minha história, os meus erros, os meus acertos, as minhas realizações, o que aprendi, o que me cerca, me abraça e às vezes também me repele são uma nova cartografia junto ao que está além de mim. Integrando o que guardo comigo ao que me é externo, crio o meu ser maior. Incluo e integro; integro e aceito; aceito e transformo.

Esse novo mapa é possível quando olho também o que me trouxe aqui, a este momento. Este momento é quem eu sou, o ser possível. Sou eu, agora, uma construção em andamento. Olho as travas que me tolhem e me impedem de viajar com alegria: o medo e a raiva.

Sou eu aquele ser que tem a verdade da escuta interna, do olhar interno, e a escuta do que está fora, o olhar para o que me cerca. Neste instante, abrem-se portas e janelas, aplainam-se percursos que farei. Dessa relação contínua e continuada do meu umbigo, do meu centro, com o mundo, tenho as direções, não andarei em círculos.

Olho o precioso mapa. Lá estão destinos variados. Qual será o meu? São tantas as possibilidades! Onde eu quero me levar?

Haverá tempestades, avalanches, terremotos. E haverá calmas, brisas, sóis em céus pacíficos. Haverá a companhia alegre, a cantoria, a comida farta. E haverá privação, desconforto, incerteza. Tudo isso haverá; mas, como bom viajante, sei que o caminho é apenas parte do destino.

Preciso usar a minha memória para encontrar respostas que vão me ajudar a me comunicar e a elaborar o trajeto que percorrerei e que me conduzirá ao ponto a que pretendo chegar.

9. A minha história

Estava assistindo às Olimpíadas de Londres, a uma prova de natação durante a qual o atleta vencedor quebrou um recorde mundial. O comentarista da tevê estava delirando – recorde mundial, recorde olímpico! O nadador recebeu a vitória com um comedido desdém, uma frieza para mim incompreensível naquele momento. O que deixava o atleta tão apático? Seria para ele a vitória uma conquista natural para quem, ao longo de muitos meses ou anos, se dedicara para chegar a essa realização?

Não tenho a resposta, mas fiquei com um sentimento de que o nosso medalha de ouro não estava, no seu comedimento, honrando, homenageando a própria história, o esforço, o talento, a dedicação, o foco e a disciplina que foram necessários para realizar o seu feito. Não estava olhando a própria história.

É a minha história, os passos dados, que me ancoram para os passos seguintes. É preciso curvar-se à própria história. Reconhecer, com carinho, o que foi feito. Dessa maneira, ficamos fortes. Afinal, chegamos até aqui, portanto podemos ir adiante.

Quando eu nego, ignoro ou negligencio o que fiz, o que vivi, perco a força contida naqueles momentos passados – e isso inclui os aprendizados dos bons momentos e das horas difíceis. Eu me desconecto de mim mesma: a soma de todos os momentos, das suas lições, do que cresci por causa de cada um deles.

É preciso recordar, num segundo, o que fiz e o que fiz me trouxe onde estou. E não poderia ser diferente. Se o atleta grita de alegria ou chora de emoção pela conquista, está reconhecendo a si mesmo, na realização do desejo, na concretização do sonho. Se não se permite sentir, ignora a si mesmo, o que expressa é o alheamento que o distancia do outro de quem pouco recebe e a quem pouco oferece.

Portanto, reverenciar a própria história nos dá o lastro necessário para, numa tormenta, continuarmos navegando. Se fracassamos, hoje, no trabalho, por exemplo, podemos olhar a nossa história e encontrar as tantas vezes em que fomos vitoriosos. Se estamos tristes agora, podemos nos virar para aqueles momentos em que demos boas risadas. Isso nos põe no contexto maior, na nossa história, uma história cujo trajeto é construído pelo mapa que escolhemos utilizar – aquele que nos coloca sempre em linha com o nosso propósito.

Chego ao consultório médico apreensiva. E o meu temor se confirma. Agora ouvi do médico o diagnóstico definitivo: a doença incontornável. Agora recebi a notícia desesperadora, a morte do ente mais querido. Agora fiquei diante do desemprego, a hipótese concreta da pobreza e do desterro... São cenários de desespero imediato.

Ontem, apenas ontem, eu teria a resposta serena, a solução clara, a decisão madura. Ontem, apenas ontem, eu tinha os planos para um futuro longo e tranquilo. Mas e agora que o céu mudou repentinamente de cor, que o tempo me passou a rasteira?

Sinto, com frustração, que não estive preparada para a surpresa grandiosa de ser excluída, de ser banida, de não ter mais a chance de poder seguir e de ser posta frente a frente com o abismo. Vivo a crise.

Onde está a boia salvadora? O que me pode resgatar nesse instante?

Tenho a corda ao meu alcance. Posso pegá-la, curvando-me. Debruçando-me sobre mim mesma. Parando, nesse momento, para rever a minha história pessoal e o que lhe deu sentido até agora. Ganho o tempo necessário para respirar.

Deito-me, em silêncio, o queixo encostado no peito. Deitada, de lado, enredada em mim mesma, ponho as mãos em oração, os cotovelos junto do meu coração. Trago as minhas pernas dobradas, juntas uma à outra, os pés unidos, os dedos em impulso para me fazer girar imaginariamente.

Numa posição do feto protegido, a cabeça em reverência à minha história, eu me religo à força dos que vieram antes de mim e que me trouxeram aqui.

Curvo-me, olhando-me no meu umbigo. Assim conquisto o silêncio necessário para perguntar a mim mesma e ouvir com clareza.

Posso, em reverência a mim mesma, em reconhecimento ao que sou, ao que fui, ao que serei, escutar verdadeiramente o meu corpo e compreender a minha mente. Posso, de volta à posição original que me trouxe à vida, perguntar e obter respostas.

Vou me perguntar e vou responder: o que estou fazendo aqui, agora? O que me motiva a fazer o que faço? O que me estimula a buscar o novo? O que me atemoriza em buscar o novo? O que me paralisa? O que me move?

Aqui, agora, neste momento, vivo. Aqui, agora, acolho a vida. O que de terrível neste instante pode ser eterno? O que pode ser definitivo neste instante?

Quando observo a passagem do tempo pela minha dor, ela se esvai. Colocando-a em perspectiva, ela se enfraquece, se amiúda. Assim é o poder do tempo. Assim é a força do agora.

Para que eu me fie, preciso me indagar sobre aquele impulso sem nome que me motiva, que me anima.

Preciso sentir essa força que existe num ponto da minha alma, entre as batidas do meu coração. É o resgate do meu sentido. Quando estou aqui, sentindo-me perdido, desolado, busco, em repouso, a imagem que me dá força, que me sustenta.

Essa sensação só irá acontecer se eu, voltando-me ao meu umbigo, ceder ao meu desejo maior. Ele está na minha história, na minha própria vida, no que já foi experimentado. No que foi superado. Nos propósitos realizados. Nos sonhos ainda a serem confirmados. Na minha trajetória.

Devotos da paz realizam-se na construção dela; devotos do prazer se iludem nesse usufruir passageiro, fiéis ao dinheiro, se comprazem na ideia de acumular mais e mais. Em cada um desses desejos há uma chama. Em cada chama, uma vitalidade.

Devo, ao voltar ao meu umbigo serena e honestamente, me indagar: o que me nutre?

Sabemos que, quando as nossas circunstâncias parecem ruir, almejamos sucumbir totalmente, cerrar os olhos e nos deixar conduzir pelo desejo da magia que nos irá libertar da dor, da dificuldade, do estrangulamento do futuro. Parece mais fácil largar-se, abandonar-se, eximir-se, entorpecer-se.

O alerta que nos desperta é o reconhecimento à nossa história. Aí está a nossa âncora, a nossa porta aberta: a resposta à indagação – "como cheguei aqui"?

10. Firmar a própria base

Antes de fazer o salto com vara, o atleta corre, finca os pés no chão para ganhar velocidade e transpor a barreira; antes de voar, a aeronave ganha impulso na pista.

Sem base, não temos condições para marchar. Todo percurso só será percorrido se mantivermos o contato com a terra, com o solo. Aí está a nossa base, o nosso primeiro apoio. Sei que o meu tripé essencial é feito da base do conhecimento, que me dá a segurança para separar o que é do que não importa.

O chão é essencial para a estabilidade.

Sobre ele, realizo os meus movimentos. Sei que sempre precisarei estar plantado no solo antes de poder olhar as estrelas.

"Caia na real!" Essa expressão acorda o sonhador ou quem está iludido para que ponha os pés no chão. É o alerta para que fique em contato com o que está acontecendo aqui, agora. Para que permaneça firme no presente embora tentado a olhar para o que foi ou para o que será. Quando eu escuto a música, eu a ouço e não fico explicando como ela foi composta. Se eu faço isso, deixo de ouvir a melodia. Se eu recuo para a calçada quando o carro vem em grande velocidade, olho o carro e me protejo, mas se fico explicando como os motoristas são imprudentes, posso ser atropelada.

Preciso manter os pés no chão, estar presente para desfrutar e perceber o que acontece, e assim agir de acordo com o que acontece, não de acordo com o que ocorreu ou do que poderia ser. O motorista poderia ser mais prudente, mas não é, e eu me afasto do risco; a música poderia ter um outro arranjo, mas não tem, e eu experimento os acordes como estão.

Numa ocasião, uma amiga me ligou cheia de planos. Acabava de se aposentar e tinha comprado uma casa na serra. Ainda jovem e cheia de ideias, acabava de fazer um projeto para educação de adultos que iria atender a população da cidade onde agora residia. Para tanto, explicou, contava com as instalações de um grande auditório e de salas de um sindicato local. Tudo estava perfeito! Com o projeto em mãos iria buscar o patrocínio para pagar os palestrantes. O público, explicou, seria formado de pessoas da própria comunidade, filiadas ao sindicato. Tudo muito claro. O que achavam disso tudo os administradores do auditório e o próprio sindicato? A minha amiga cheia de boas intenções deixou de olhar o básico: não sabia o nível de interesse do pessoal do sindicato... Desiludiu-se dias depois, ao ouvir dos dirigentes que o programa que estava sendo proposto por ela não tinha ressonância com a realidade dos frequentadores do sindicato.

Um poço de boa vontade, cabeça nas estrelas, no desejo, na ilusão. Onde está a base do projeto? Em que ele se apoia? Na terra ou no céu? No etéreo, no sonho que inclui o outro sem levar em conta o que esse outro quer. Um plano sem base.

Raramente damos atenção ao contato dos nossos pés enquanto caminhamos, quando estamos parados de pé, ou do apoio do chão quando estamos sentados.

Eu me lembro da primeira vez em que senti o meu peso pelo contato dos meus pés no chão. Não faz muito tempo, alguns anos apenas. Foi uma sensação poderosa – eu tenho pés –, a consciência obtida numa experiência compartilhada por todos os sentidos. Pode soar estranho, afinal, todos andamos com os pés no solo. Quem não sente os próprios pés no assoalho? A maioria de nós. Andamos, na maior parte do tempo, como se estivéssemos pousados na terra, e não como se pertencêssemos a ela. Flutuamos nas nossas imaginações e fantasias, perdidos em algum tempo. O chão é o contato imediato, o aqui, o agora. É o suporte concreto, o mundo.

Os pés nos conectam com o presente, e esse momento se expressa no nosso corpo.

Sentada confortavelmente numa cadeira, o cóccix encaixado no encosto, os braços apoiados numa mesa, ou na própria cadeira, os dois pés descalços, colocados em paralelo, no chão, os olhos semicerrados, dirijo a atenção à sola dos pés, no ponto em que ela faz o contato com o solo. Descubro o meu peso, o que me atém.

Espero alguns segundos, desenhando na minha mente a sola dos pés e localizando o ponto de encontro dela com o assoalho. Descubro: tenho sola dos pés! Sinto a sola dos meus pés! Em seguida, imagino que os meus pés afundam alguns centímetros na terra. É como se houvesse uma grande força me conectando ao solo. Crio imediatamente uma base que me dá sustentação. De pé, sinto-me alinhada com o eixo da Terra e a gravidade, que mantém a coesão que estrutura a própria Terra!

A partir de agora, ao caminhar, coloco a minha atenção no meu passo, na sola dos pés, e observo como ando, o que sinto ao andar. Observo também que deixo de sentir os meus pés quando estou ansiosa e a minha respiração aumenta, "tirando-me o chão!".

Hércules era um semideus da mitologia grega. Depois de matar a sua tia Hera, foi punido por seu pai, Zeus, com a incumbência de realizar doze trabalhos, findos os quais seria perdoado. Para cumprir um deles, precisava matar o gigante Anteu, filho de Gaia (deusa da terra), que era invulnerável enquanto estivesse em contato físico com ela. Para derrotá-lo, Hércules usou sua força levantando o rival do chão, eliminando assim o contato deste com a terra, até finalmente conseguir asfixiá-lo.

O símbolo do herói que encontra a sua força na própria base é uma imagem recorrente, assim como a fragilidade do gigante que perde seus poderes quando está no ar.

A terra é a fonte de energia, a fonte de vida. A terra absorve todos os impactos e sobre ela a vida é transformada.

Em todas as tradições religiosas antigas e nos ritos pagãos, a terra sempre foi homenageada como símbolo da fertilidade e da maternidade. O nosso contato com essa generosa fonte de vida é essencial para o nosso próprio fortalecimento. Se o meu relaxamento físico e emocional é fundamental para que eu deixe fluir a minha energia, a minha ligação com a terra é o meu esteio. Ela é a fonte da energia, da vitalidade, o fio protetor. O estar na terra é o que nos permite voar.

E possuindo tantos recursos para a minha jornada, não me posso descuidar. A vida sem crise exige prática. É preciso treinar.

11. Treinar

As regras de governança das grandes empresas transnacionais estabelecem que os funcionários devem se submeter a treinamentos periódicos e se manter atualizados sobre o uso de equipamentos, os regulamentos para prestação dos serviços e os procedimentos para agir em caso de emergência. São feitas simulações com cenários que imitam acontecimentos possíveis na vida real. Um fabricante de alimento para animais, por exemplo, treina para responder a um cenário de contaminação da ração e a denúncia de envenenamento de dezenas de cães; uma distribuidora de energia elétrica deve estar preparada para responder ao consumidor se o transformador explodir e levar à escuridão todo o bairro; o corpo de bombeiros está alerta para atender ao chamado do incêndio, do acidente com feridos presos em ferragens do veículo semidestruído...

Nenhuma das respostas é improvisada. Assim como os bombeiros não podem vacilar quando são acionados, o fabricante de alimentos precisa saber o que dizer e o que fazer imediatamente ao chamado do primeiro consumidor; o funcionário da companhia de energia elétrica precisa ter a palavra certa; e o responsável pelas equipes técnicas deve estar preparado para distribuir as tarefas. Essas respostas quase automáticas resultam da prática continuada dos procedimentos, da atualização sistemática dos processos e do conhecimento a respeito dos equipamentos, da legislação e também da consciência da própria capacidade em solucionar as demandas.

Mesmo que todos tenham tido aulas sobre como se comportar, a experiência teórica não assegura o desempenho correto no momento necessário, quando os fatos acontecem. É o treino que garante a eficácia.

Na hora do incêndio, é preciso saber usar o extintor. Para saber usar o extintor, é preciso tê-lo utilizado antes, muitas vezes.

Como saber dirigir o olhar? Como escutar? Como respirar? Como firmar a minha própria base e assentar os pés no chão? Pelo treino. Pela repetição continuada e contínua do olhar, da escuta, da respiração. Mantendo as minhas habilidades para olhar treinando o olhar; para escutar selecionando e dirigindo a minha audição; para respirar mantendo a atenção no fluir, na entrada e na saída do ar.

O treino é diário. É a atenção que se integra em todos os movimentos.

Treino a minha comunicação construindo a ponte com o outro: escolhendo as palavras, observando os meus gestos.

O treinamento é a condição essencial para desenvolver nossas habilidades e nossos talentos e para materializar o nosso propósito. O treinamento é a blindagem que reduz a vulnerabilidade à crise.

Treinar é repetir para apurar, para refinar e mesmo para automatizar um gesto, uma palavra, um comportamento. Automatizar é o ato de incorporar um mecanismo que nos fará responder sem pensar, espontaneamente, a uma situação. Diferente do gesto intempestivo, impulsivo, que é de negação e de bloqueio, a resposta espontânea é natural, complementa o estímulo, mantém o fluxo do contato, sem deixar uma lacuna. Com naturalidade, as coisas acontecem num contínuo onde não parece existir qualquer planejamento ou esforço e revelam uma soma.

No treinamento, alinhamos expressão e percepção, percepção e atenção, atenção e propósito e juntamos a observação criteriosa e reveladora ensinada pela paciente exploração dos detalhes.

O bailarino que incorpora em si a música a transpira por todos os seus poros na sua dança. Eletrizada pelo casamento perfeito entre a melodia e o movimento, a plateia aplaude, sente nos passos do artista as notas da partitura, a energia criadora do compositor, a devotada entrega dos músicos.

O bailarino se preparou para a apresentação. Repetiu dezenas, centenas, milhares de vezes cada volteio, cada passada, cada flexão e empertigamento, diante do espelho, diante de si mesmo. Depurou, acertou, milimetrou cada nuança dos seus gestos para, eventualmente, se deixar arrebatar por uma nova emoção, surgida no contato com o público, e assim criar um espetáculo único.

Encontrar o invisível no visível requer prática, exige treino do olhar, da escuta. É necessário ter os pés no chão, a coluna vertebral flexível, as mãos abertas para a entrega e para a colheita. Tudo isso exige muito treino.

O treino libera a criação, a centelha de criatividade e produz uma obra impensada.

O treinamento reduz o espaço para a dúvida. Abre o caminho para a adaptação, para a chegada do novo. Os que treinam podem improvisar. Mas só improvisa quem "provisionou". Quem fez provisão, quem juntou, armazenou, abasteceu. Em horas, dias, semanas, anos e décadas de dedicação, quem realizou as condições para oferecer soluções criativas, para respostas "fora da caixa".

O treinamento é a maneira pela qual nos abastecemos, criamos repertório e fortalecemos o nosso aprendizado. De fato, só aprendemos quando podemos contar com nossas próprias palavras e nossos próprios gestos o que nos foi ensinado, quando recriamos. Inicialmente, dizemos a lição de forma mecânica e superficial e, depois, de tanto repetir, compreendemos o que estamos aprendendo e começamos a absorver o que nos foi transmitido, como a esponja bebe a água. E, quase sem nos darmos conta, o novo conhecimento passa a fazer parte do que somos. Dessa maneira nos transformamos.

Somos treinados para responder a um bom-dia com um bom-dia; com um "de nada" a um obrigado. E falamos automaticamente as expressões bem educadas, desde que tenhamos sido treinados na boa educação, assim como paramos instintivamente na calçada quando vemos o carro se aproximando em desabalada carreira pela rua que vamos atravessar.

No treino, descobrimos as sutilezas que estão guardadas numa camada mais profunda do conhecimento superficial. Enquanto vamos sedentos rapidamente nos apoderar da jarra de água para matar a sede, ignoramos a existência da fonte límpida e especial daquela água. Muitos goles mais tarde, sorvendo lentamente, aprendemos a degustar e, então, atentos, apreciamos a fonte. É no deguste que diferenciamos os sabores, e isso requer tempo, concentração. E treino, e repetição.

No treino do Aikidô, aprendemos que a diferença entre um praticante avançado e um iniciante é a qualidade do movimento com que cada um realiza um *kata*, o golpe. Não se mede o progresso pela habilidade demonstrada em golpes complicados. Ao contrário, o desenvolvimento dos praticantes aparece nos golpes mais singelos e básicos. Se o praticante avançado e o principiante realizam o mesmo golpe, cada um irá mostrar, nesse golpe, o seu nível de aprendizado. Embora os dois estejam executando o mesmo movimento, o fazem em dimensões diferentes, com qualidades diversas. Aquele que treinou menos apresentará o golpe com uma forma mais grosseira, o outro, que treinou mais, se exibirá com gestos mais limpos e lapidados, sem excessos, sem quinas, sem asperezas.

É a prática que constrói a delicadeza, a delicadeza, a sutileza, a sutileza define o necessário. Nada está além, nada fica a menos, não há sobras, não há desperdícios, não há falta. Tudo acontece na justa medida. E isso só é possível de ser alcançado pelo treino. Treinamento é repetição continuada que no princípio demanda esforço, depois pede dedicação e, mais tarde, nada pede, apenas dá: a satisfação, a alegria, contidas no próprio movimento.

As qualidades desenvolvidas pelo treino nos levam às novas dimensões do fazer, do criar e do comunicar. Pelo treinamento, desenvolvemos a qualidade das nossas relações. De tanto agradecer, sentimos gratidão; de tanto amparar, tornamo-nos solidários; de tanto ouvir, aprendemos a escutar; de tanto rezar, sentimos em nós a divindade. De tanto treinar, aprendemos a agir como somos, sem o filtro exclusivo da coerção da análise, agir pela adaptação, que é o reconhecimento da situação, e não apenas pela adequação, que visa atender somente a uma ordem imposta.

Parte IV

A CAMINHO

Antes do espetáculo, o ator se prepara: decora o texto, ensaia, veste o figurino. No teatro, o palco se transforma no cenário onde o texto será dito, a história, representada. O ator está nos bastidores, concentrado. A cortina se abre. Ele entra em cena. Coloca-se agora, de fato, a caminho. Inicia-se o espetáculo. Enquanto a peça não começa, a história não acontece.

Enquanto não damos o passo na direção do nosso propósito, temos planos, intenções. Temos os apetrechos de viagem, o mapa, o *script*. Fizemos as reservas, arrumamos a mala. Mas só estamos a caminho quando botamos o pé na estrada.

E temos duas opções para nos botar a caminho: por escolha ou compelido, obrigado pelas circunstâncias.

Muitos de nós se concentram no projeto, no planejamento, nos preparativos. Tem gente que prefere se concentrar no treino. E não bota o pé na estrada. Quem não conhece aquele cara que está sempre falando do que fará? Que está sempre descrevendo as condições ideais e está sempre adiando a compra da casa, a troca de emprego, o fim do casamento? Sempre falta alguma coisa para fazer o que anuncia. E são longas as explicações, as descrições, os detalhes de uma bagagem que fica cada vez maior. São aquelas pessoas que se matriculam na academia de ginástica, compram os materiais, pagam a mensalidade e nunca aparecem para fazer os exercícios.

E também há o outro tipo, o que não se organiza para dar a largada. Simplesmente se põe a caminho, sem qualquer preparativo, e para no primeiro obstáculo. Sabe – teórica e genericamente – para onde quer ir, mas não tem os recursos necessários. É o sujeito que pega o carro para ir para a praia no fim de semana de feriado prolongado, na hora de maior movimento, sem abastecer o veículo de combustível. Fica na estrada.

Depois que clareamos o nosso propósito, juntamos e organizamos os nossos recursos, treinamos – como o ator pronto para entrar em cena – e fazemos o movimento, estamos a caminho. E, aqui, uma quase obviedade: diferente do ator que pode desistir, no último momento, de entrar em cena, não temos a escolha de deixar de seguir. Viver é uma sina, é o que nos humaniza.

Diante do inevitável – a vida – e com todos os preparativos feitos, o que ainda nos falta para realizar a viagem mantendo-nos a salvo dos despenhadeiros, das corredeiras, das tempestades, das privações, das escarpas? Integrando a nossa base, o nosso centro, usando a respiração, a escuta, o olhar e o nosso treino para responder aos nossos desejos, ao outro e às circunstâncias.

Imagine se você vai para uma sessão de mergulho, treina, compra o equipamento e, na hora de descer na água, se dá conta de que não sabe como lidar com aquelas águas-vivas que passam coladas em você?

Apetrechos e treinos não nos preparam para lidar com todas as possibilidades. Simplesmente porque as possibilidades são ilimitadas. Portanto, o que precisamos é de uma bússola, de um diapasão para alinhar o eixo que irá alinhar o nosso movimento, a maneira como vamos caminhar. Essa nova ferramenta não é mais um apetrecho da minha bagagem, são as instruções de uso de tudo aquilo que eu reuni. É a estratégia.

A estratégia do Ki

Eu me lembro, de quando era criança, das conversas entre os amiguinhos a respeito da definição da melhor estratégia para se consumir a melhor parte do lanche. Comer logo, de cara, para não correr o risco de alguém chegar e pedir, ou deixar para o final, para saborear e ficar com o gosto na boca.

Para definir a melhor conduta é essencial saber o que é mais importante: comer o doce ou saborear o doce... Afinal, como gerir o recurso, tendo em vista o objetivo final?

A palavra estratégia surgiu na antiga Grécia, por volta do século V a.C., quando, em Atenas, apareceu a função de *strategus*, de responsabilidade dos generais, que tinham como tarefa comandar o exército em campanha e defender os territórios. No princípio, a palavra foi muito confundida com *stratégema*, com conotação de enganar, confundir, ou ainda com a palavra *strategika,* que significa manobrar. Com o passar do tempo, a estratégia se tornou sinônimo da arte militar, e o *strategus,* o chefe militar. Hoje é utilizada em vários sentidos, dentre eles, como o caminho mais rápido para atingir objetivos.

Uma estratégia define um método para a ação. Há várias ações possíveis, apenas uma é correta. A correção se estabelece quando a ação é a adequada, dentro do potencial da situação.

No filme *Lendas da vida* (*The Legend of Bagger Vance*, 2000), Rannulph Junnah (Matt Damon) é instruído, num momento decisivo de um torneio de golfe cuja vitória iria mudar o rumo de sua vida, por Bagger Vance (Will Smith), o seu *caddie*. Este lhe pede para olhar a tacada não como um dragão a derrotar, mas com olhos suaves. Pede que sinta o campo como um todo ao qual pertence, não contra o qual luta. Isso faz com que se ajuste às condições do momento, isso o leva a perceber a brisa, a luz, a distância. Daí surge o *swing*, o balanço que irá conduzir o taco até a bola com a força necessária. O misterioso *caddie* estava pedindo a Junnah que ele se conectasse com o taco, com a bola, com o buraco, com o terreno, e se tornasse um só com eles – como o pianista que se transforma em música. Junnah confia no seu *caddie* e se deixa pertencer às condições. Vence.

Quando nos unimos ao potencial da situação, ou seja, à essência das coisas, à sua naturalidade, percebemos também o que está acontecendo e nos ajustamos.

O momento preciso é um, só um: quando identifico a mudança do vento e ajusto as velas do meu barco. Não faço isso nem antes nem depois de o vento mudar. Preciso estar atenta e reconhecer quando o vento muda. Isso me fará responder adequadamente ao potencial da situação. Diz-se que é o potencial porque se trata de uma promessa de algo que ainda não aconteceu e que vai se materializar, que vai produzir efeitos depois que eu agir.

A ação correta é baseada num único gesto. Só uma é coerente com o potencial da situação se sei quais são os resultados, qual é o meu propósito. Aí entra o dizer: "para a nau que não tem rumo, qualquer vento serve". E aparece também no diálogo de *Alice no País das Maravilhas* com o Gato:

"O senhor poderia me dizer, por favor, qual o caminho que devo tomar para sair daqui?", pergunta Alice.

"Isso depende muito de onde você quer ir", responde o Gato.

"Não me importa muito para onde...", diz Alice.

"Então não importa o caminho que você escolher, diz o Gato.

"Contanto que dê em algum lugar, parece bom."

"Você pode ter certeza de que vai chegar a algum lugar se caminhar bastante", garante o Gato.[1]

1. CARROLL, Lewis. *Alice no País das Maravilhas*. 2ª edição. Tradução: Izabel de Lorenzo, 2000. São Paulo, Objetivo, 2000, p. 81.

O grande desafio a caminho é transpormos o automatismo das nossas respostas às diversas situações, um risco concreto, mesmo se possuímos muitos recursos, porque dependemos da utilização desses recursos para nos protegermos.

O automatismo é uma estratégia que responde de maneira recorrente como reagimos às dificuldades, às ameaças, às situações com sementes de crise. As três estratégias são: fugir, se avalio que não posso enfrentar; lutar, se acredito que tenho condições para ganhar; congelar, se estou aterrorizada e não identifico espaço para a fuga.

É importante reconhecer que foram essas três estratégias – lutar, fugir e congelar – que garantiram a sobrevivência da espécie humana, por isso estão tão profundas em cada um de nós. Só sabíamos, diante da selvageria dos primeiros tempos, que lutar, fugir ou congelar eram a diferença entre a vida e a morte.

Era assim.

Mas agora esse automatismo nem sempre pode nos proteger. O ambiente mudou, as condições de vida de hoje, em relação a como viviam nossos ancestrais pré-históricos, mudaram.

Os tempos são outros. Acumulamos o aprendizado das situações que nos levaram a responder com uma das três estratégias, mas os tempos são outros. O que nos servia e era a nossa única opção agora deve ser uma escolha que inclui outra estratégia.

Ao lado das três respostas automáticas, vamos propor outra maneira de atuar: harmonizar, adaptar-se.

LUTAR **FUGIR** **CONGELAR** **HARMONIZAR**

A adaptação é não contrariar a vocação da situação, indo contra ela.

Isso pode incluir lutar, fugir, congelar e transformar a situação por meio da adaptação, sem conflito.

Lúcia está andando pela rua, sem iluminação pública, às dez da noite. Ouve passos atrás de si de alguém que vai se aproximando e que muda o ritmo quando Lúcia anda mais rápido. Lúcia sai correndo para evitar um possível assalto. Imagine se Lúcia resolve "pagar para ver". Poderia ser um assaltante, ou não. O automatismo protegeu Lúcia.

Agora temos outra situação. Felipe é judoca, faixa preta. Está andando pela rua escura às dez da noite e ouve passos que aceleram quando ele anda mais rápido. Felipe reduz a velocidade e "paga para ver". São dois jovens fortes que tentam assaltá-lo. Felipe encara e os põem para correr. Felipe tinha consciência das suas capacidades, e arriscou. Os assaltantes poderiam estar armados. Nesse caso, o automatismo de Felipe poderia tê-lo deixado mal.

Lúcia e Felipe poderiam parar aterrorizados. Estariam condenados à condição de vítima.

Lúcia, ao fugir rapidamente, se preservou; Felipe, ao lutar, se expôs. Parados, os dois se imolariam.

Adaptar é escolher; encontrar a melhor resposta para o momento, o que só é possível se estamos atentos e relaxados. E precisamos do método para conseguirmos nos adaptar, nos harmonizar. O método que nos dá permanente capacidade de escolha é a estratégia do Ki.

O que somos – quem somos – é o fenômeno humano que emerge nas relações sociais, no interagir com o mundo, na intimidade das famílias, nos contatos institucionais. A qualquer tempo e em todos os tempos e lugares, são os mesmos sentimentos, desejos, medos, expectativas e dúvidas. Em todos os tempos e lugares, estão as conjurações para excluir, para negar, para impedir, para aniquilar e também as preces que motivam, os mantras que protegem, estimulam, incluem, transformam, tonificam.

O que queremos é encontrar a sabedoria vivificante, que nos integra às circunstâncias, no nosso tempo preciso. A sabedoria que intuímos, quando nos entregamos à nossa própria cura. Quando aceitamos a nossa própria capacidade de nos curar.

A estratégia do Ki é constituída de dez passos:

I. treinar para receber;
II. treinar para cair;
III. não há situação absoluta;
IV. não há situação definitiva;
V. para cada problema há quatro saídas;
VI. convide o outro a se mover com você;
VII. a circunstância define a técnica;
VIII. o movimento é feito a partir de você;
IX. o ponto de atrito é o menor ponto do contato;
X. não há vitória.

I. Treinar para receber

A situação é a seguinte: você se mudou para um apartamento onde antes morava outra família. A correspondência destinada aos antigos moradores continua chegando. O que você faz? Ignora a correspondência e a deixa lá, num canto, e ela continua chegando? Você a joga no lixo, afinal não é para você? Assim, ela continua chegando até que um dia você resolve falar com o porteiro que a correspondência deve ser devolvida ao carteiro, porque o destinatário dela não mora mais ali? Assim, a correspondência que não lhe pertence deixa de chegar.

Treinar para receber é isso: aceitar o acontecimento para poder agir corretamente. Enquanto você não aceitar que a correspondência não é para você, de fato, portanto redirecionando-a a quem pertence, ela continua chegando. Receber é dar-se conta do que está acontecendo. Enquanto eu não aceito, nada posso fazer.

Treinar para receber é o primeiro momento – se pudéssemos traçar alguma linearidade no *continuum* da Vida, diante de um fato, de uma situação, de uma revelação. Por se tratar de um fluxo permanente, a Vida oferece e recebe de volta o que nos entrega, nós mesmos, a Ela.

Esse receber é o instante mínimo da nossa aceitação, do que somos, da nossa vocação, dos nossos dons e talentos, dos nossos limites. É o próprio entregar, no acolhimento sem comparações, sem julgamentos, sem escolha. Assim é. É o acolhimento sem o conformismo aderente daquele que se dispõe numa correnteza que não lhe pertence. Acolher é receber o que somos. É a aceitação do que somos. É o reconhecimento do que somos, ao que pertencemos, de onde estamos, de como estamos.

Como é que posso pagar a conta, se não recebo o boleto de cobrança? Isso significa também que posso contestar a conta, se ela não me parece justa. Mas, basicamente, quer dizer que preciso aceitar o boleto.

Escolho a roupa que não me cabe porque não identifico a minha medida. Falo o que não preciso porque não sinto a energia e o peso das palavras. Mexo-me desnecessariamente porque não enxergo a cadência do tempo. Escolho alimentos que não me nutrem porque não os aceito como mensageiros de saúde. Tenho a fome, a inquietude, a força e o desejo; faltam-me a atenção, a disposição para receber e o poder para seguir naturalmente.

Se estou cansada agora, não posso correr do meu cansaço, não posso impedir que ele se manifeste, não devo ignorar que ele acontece e é suicídio ignorá-lo Fugir significa negar alguma coisa que acontece, dar as costas como se, ao fazer isso, suspendesse o que há. Nessa opção pela fuga, sou tomada pela força da surpresa que me pega por trás, que me joga no chão. E, muitas vezes, sucumbo. A fuga retarda o encontro, não o impede.

Ainda cansada, quero impedir que o cansaço se expresse. Tomo estimulantes, disfarço o cansaço com técnicas e recursos que fazem com que ele pareça menor, insignificante. Ganho um tempo! Até que os meus malabarismos, as minhas técnicas, os meus recursos, se esgotem. Aí o meu cansaço será maior que eu mesma! Torno-me refém do que eu pretendia e imaginava ser meu escravo. Quando busco impedir o que está se completando, o que está aparecendo, o que já existe, fortaleço o que represo, o que, mais tarde, irado, cairá sobre mim. Tentar obstruir retarda o encontro, não o impede.

E, mesmo enxergando os sinais de cansaço, coloco-os de lado, atribuindo a mim o poder de seguir apesar dele, tratando-os como símbolos de fraqueza que não me pertencem, porque sou "mais forte" que a minha fraqueza. Como o falso amigo que se esconde em mesuras e gentilezas, quando eu me levantar para a dança, sorrateiramente, o cansaço irá me arrastar para a terra, onde ficarei incapaz. Ignorar o que há retarda o encontro anunciado, não o impede.

Do outro lado do espectro da não aceitação, das tentativas de impedir, fugir e ignorar, está outra negação, agora disfarçada, de falsa aceitação. Eu me exponho, desnecessariamente, diante do que aparece como risco, ameaça ou prazer, esgotando-me.

Como aquele que anda nos trilhos com o trem vindo em sua direção. Aceitar que o trem vem não quer dizer que eu deva ficar no seu caminho. Aceitar que o trem vem é respeitar que ele tenha um condutor e um destino, que eu não preciso me oferecer para ficar no seu caminho. O trem tem a sua força, o seu rumo. E eu faço a minha escolha de não ficar no seu trilho. Para isso preciso reconhecer e aceitar que o trem vem. Aceitar não é o mesmo que atrair para si, numa falsa benevolência estúpida e destrutiva.

Não posso selecionar, impedir, obstruir o que é natural que ocorra. Não posso impedir que o sol nasça, que a noite chegue. Também não posso apressar a madrugada ou fustigar a manhã para que esmoreça. Cada um segue sendo o que é. Não posso cessar a passagem do tempo em mim, no outro, que nos chega sem pedir permissão. Porque o que é natural não pede licença: acontece.

A compreensão dos limites e das possibilidades depende da genuína entrega de mim mesmo a esse campo, onde e quando a vida floresce. Da mesma maneira que o relaxamento em nada se parece com estado de abandono, assim também a entrega em nada se assemelha ao conformismo acomodado a um vaticínio. É, sim, a integração consciente do olhar, da escuta, do sentir a forma, do saber. É o exercício da escolha, a partir do que sou, de onde e de como estou.

Treino para receber colocando-me numa posição e numa distância correta em relação àquilo que se apresenta. Pode ser um sentimento – olho esse sentimento e as causas e condições que o fazem surgir. Dessa maneira, posso enxergá-lo no seu próprio tamanho. Se fico muito perto, acabo me confundindo com ele: estou com raiva! Em lugar de "vem vindo uma raiva" ou a "raiva está perto de mim". Se não olho essa raiva vindo, aproximando-se, acabo me transformando nela, ela toma conta de mim. Portanto, ficar no lugar correto é essencial para que eu possa receber, sem ser ocupada pelo que acontece na minha paisagem, no meu entorno, como sendo eu mesma, tirando-me a opção de me preservar, de me redirecionar, de me proteger.

Se não é um sentimento o que chega, pode ser uma notícia boa ou ruim. Ganho o prêmio, obtenho a promoção esperada e posso incorporar esse reconhecimento a mim mesma. E posso colocá-lo em qualquer lugar e dispor dele quando quiser. Se o incorporo como parte minha, vou me orgulhar; assim como se o inverso acontecer – a punição, a perda, a decisão do outro de me excluir, e eu também me torno isso, absorvo, abdico de um ir e vir no qual possa usar o prêmio quando quiser.

Recebo os acontecimentos, os fatos, como um presente, acolho-os e coloco-os onde posso dispor deles quando desejar, quando for preciso. Receber é dar a importância, é escolher e dar significado ao que chega. É dar um rumo.

Às vezes, recebemos o que nos parece bom da mesma forma que recebemos o que nos parece ruim.

Escondemos a oferenda onde não podemos encontrá-la facilmente, num esconderijo que nos dá a ilusão de que não temos o que já possuímos. De tão valioso ou de tanto que tememos, pomos a lembrança, o objeto, o sentimento, num canto secreto – ou para que ninguém encontre, ou para que nós mesmos nunca mais encontremos.

E continuamos buscando o que já temos, porque não recebemos corretamente, nao demos um rumo e um prumo ao que nos foi entregue. Perdemos.

No ato de receber correto está embutida uma generosa entrega. Assim como o côncavo não existe sem o convexo, o dia sem a noite, o longo sem o curto, o lado de fora sem o lado de dentro, o receber contém o dar. Ao receber o seu abraço, entrego o meu; ao receber a sua mão, dou a minha. Entregar é despojar-se do que se tem para acolher o que chega.

Nessa recepção, em que eu me coloco aberta e preservada, firme e relaxada, atenta e alinhada com o que chega, posso sempre escolher a melhor maneira de acolher o que vem. Eu vou me curvar em reverência respeitosa, demonstrando que reconheço o que está sendo entregue. E vou também, grata e respeitosamente, direcionar o que me é dado, para dentro ou para fora de mim.

Receber não é o mesmo que incorporar, que absorver. É reconhecer uma manifestação, sem tentar impedir, reprimir, negar ou fugir. Receber é reconhecer onde e como as coisas acontecem. É identificar qual a minha parte no processo de transformação do que acontece e assumir o que me cabe, a minha responsabilidade para transformar, quando e como puder fazê-lo.

Nos processos neuróticos, temos dificuldade em diferenciar o que nos é possível e o que não podemos fazer. Desse sentimento de impotência – natural – quando queremos mudar o eixo da Terra e não podemos, brota desconforto e infelicidade. Do desejo de mudar o impossível – que é a circunstância que transcende o que somos – surge a inconformidade, a frustração. Quero agir de acordo com o que não sou!

Se eu reconheço que tenho limites – estabelecidos no tempo e no espaço ao qual pertenço –, isso se traduz numa autopercepção sintonizada com as minhas capacidades, isso orienta as minhas ações. Sei que aqui, agora, neste momento, neste local, tenho respostas a buscar, tenho o que fazer, movimentos a completar. O que há a ser feito apenas por mim, agora, aqui.

Receber o que quer que venha, acolher e compreender não é o mesmo que expor-se em martírio às vicissitudes.

A Vida clama pelo Viver. O Viver é a maneira de a Vida manter-se; é a preservação.

O sacrifício é desnecessário – porque nos tira a vitalidade. Confundir o que é, o que se passa, numa entrega inconsequente de si mesmo, é optar por ser infantil, pueril, ignorante de si, irresponsável. É atribuir às circunstâncias poderes que nos levam a nos render a elas, simultaneamente renegando ser quem somos. Confundo o fato, na forma de sentimento ou de evento, dou-lhes autonomia, negando-me a mim mesma ser quem sou, prostro-me em falsa abnegação, apenas para não agir em meu benefício, como se o curvar-me para acolher pertencesse à mesma natureza da entrega cega.

O crente não queria deixar a sua casa depois dos alertas de furacão, alegando que Deus o protegia, que se refugiando n'Ele estaria salvo. Os bombeiros vieram antes do vento furioso para levá-lo, e ele se negou, afinal, "Deus me protege". Veio o furacão, vieram as tempestades, e o nosso crente morreu sob a casa desabada. No céu, contrafeito, cobrou de São Pedro a proteção divina, a que o santo respondeu: "Mas Deus mandou dois enviados para salvá-lo: o serviço de meteorologia e os bombeiros. Você não os atendeu!".

Treinar para receber é treinar o olhar, o ouvir, é posicionar-se numa distância adequada para enxergar a aproximação do que nos é oferecido. A anunciação junta os sinais que precedem o que está prestes a vir, para que nos preparemos.

A atenção plena é o exercício da consciência que nos limpa o olhar para enxergarmos a estrela e ouvirmos os cânticos da chegada. A atenção plena elimina o torpor que esmorece a vontade, anuvia os pensamentos e confunde a percepção.

Troco, em confusão e ignorância, o necessário e vital pelo fácil, pelo medo ou pela raiva, tenho ideias furtivas que me iludem, fantasias de ego, estimulantes num momento, aniquilantes em outros, como numa maré de muitas luas.

Troco a sombra da chama da vela projetada na parede pelas imagens de armaduras de exércitos inimigos, marchando na minha direção. Cambaleio em ideias, sonhos e pesadelos, como se eu mesma fora uma corrente sem elos... Como é possível?

Como posso, alegando surpresa, ser atropelada pelo carro, na rua movimentada, sem sinalização, que atravesso descuidadamente? Alego má sorte, a vida é assim... Não, é desatino. Como posso, depois de tragar nicotina durante trinta anos, condoer-me de mim mesma, enojar-me, enraivecer-me do câncer que me come as tripas? Como posso, galante, entediar-me com os rituais vazios das convivências por interesse?

Treinar para receber implica estar aberto, receptivo, sem julgamento. Julgar é separar este daquele e botar rótulos no intuito de nos proteger, é perda de tempo. Nada há, em si, bom ou ruim. O que cada coisa traz em si é a si mesma. O significado pertence a mim, aquela que recebe. O bom ou o ruim está na forma de receber, no quanto recebo. E para isso é preciso treinar.

Como receber, quando receber, onde colocar o que se recebe, como agradecer, como se preservar do pouco e do excesso, do que vem do alto, do que vem do baixo, pela esquerda, pela direita.

Se eu penso que estou num ringue, vou lutar, para ficar viva, posso até matar; se sei que estou numa jornada, eu me protejo e sigo. Recebo o que me é útil e necessário, acolho, agradeço e devolvo o que não preciso. E me protejo primeiramente porque reconheço o que não me fortalece, o que não me vivifica. Como a correspondência destinada ao outro que é colocada na minha caixa postal. Eu a recebo e a redireciono.

O treinar para receber significa desenvolver nossos dons e talentos, aprender a respeito de onde estamos e com quem estamos, para, em harmonia, preservar-nos. Essa é nossa condição essencial: cuidar de nós mesmos, da nossa energia, do nosso discernimento sereno, da força do nosso espírito, da nossa capacidade de fazer escolhas lúcidas.

O treino é feito com a meticulosa preservação do nosso corpo, da qualidade reparadora do nosso sono, pela vigilância das nossas palavras, pela medida dos nossos movimentos, na colocação dos nossos pés e mãos.

Comer o necessário para alimentar, com alegria e saúde; falar o necessário para alimentar, com alegria e saúde, mover mãos e pés na direção onde está o propósito que nos alegra e nos dá vitalidade.

Não é fácil. Não é difícil. É assim. Porque a todo movimento de transformação precede o receber. Em todo receber, há o entregar. Em todo entregar, há o atender a Vida, na sua grandeza e movimento contínuo, alto e baixo, lento e veloz. E posso receber como treinei, com o que reconheci em mim, meus talentos e possibilidades e também com o que aceito em mim, ainda que suspire imaginando que se fosse diferente seria melhor.

A vida não escolhe entre bom e ruim, certo e errado. A vida não exclui. E treinando para receber aprendo a não excluir, integro e tomo o que me pertence. Não há a escolha pela negação, há a aceitação que preserva, inerente ao fluxo inexorável, incontrolável, irrefreável da Vida. Porque a Vida não tem juízo, ela segue a si mesma, destino da sua perpetuação.

II. Treinar para cair

Ronaldo Fenômeno era a grande estrela da Copa do Mundo de Futebol de 1998. Horas antes da decisão, contra a anfitriã França, foi abatido por uma misteriosa convulsão, diagnosticada como desde estresse até ataque epilético. Estava treinado, tinha as habilidades, mas um fato novo, incontrolável, mudou o rumo das coisas.

Isso é cair. Coisas acontecem fora do nosso poder. E essas coisas influenciam o transcorrer dos eventos, a nossa vida muda de rumo.

Treinar para cair é achar a posição para diminuir os efeitos negativos da queda. É lidar com as adversidades que virão. O que pode reduzir o impacto de uma queda? Se alguém, por exemplo, nos empurra com a intenção deliberada de nos derrubar, e essa pessoa é forte, se resistimos por muito tempo, vamos nos machucar. O jeito é reconhecer que existe uma força maior que a nossa e irmos para o chão.

Então temos aí a primeira regra no treino para a queda: não resistir à força.

Coisas acontecem e sentimos a sua chegada.

A antecipação é possível quando estamos conectados com o céu que nos protege e a terra que nos apoia.

O céu é a natureza criativa, sutil da nossa vida. É aí onde estão as ideias, as fantasias. Também no céu está o que passou e o advento – um futuro esperado, imaginado. É a guia, distante, clara e luminosa, a abóbada inspiradora, a musa, o cobertor, o teto protetor – a fonte da fúria dos tempos, dos raios e trovões e da chuva fertilizante. É o que nos chega de longe, de um outro momento, e que nos compõe no presente, o teto. O céu é o pai: protege, limita, castiga.

Ao nos apoiarmos no céu, em devaneios, sonhos e fantasias, contando em obter o colo, lamentaremos. Não é da natureza do sutil, dos vapores, do quase abstrato, aterrar e adensar. É, sim, da sua vocação, da sua naturalidade, encobrir-nos, direcionar-nos. À terra cabe nos dar o pouso, a fixação.

No contato generoso e acolhedor da terra, adquirimos a base para olhar o céu e encontrar as direções. Entre os dois, alcançamos o equilíbrio e mantemos o movimento.

O equilíbrio é a conexão, sem interrupção, entre o que está acima e o que está embaixo. Com os pés caminhamos, com a cabeça sonhamos. O nosso andar é sobre a terra, firme, decidido, atento em cada passo. O olhar no mirante, no farol, direciona e ilumina o nosso céu interno.

Quando perdemos o contato com a terra, fixados no sonho, também abandonamos o presente. Ao nos entregarmos a devaneios, a um tempo distante do presente, deslocamos a nossa atenção para esse outro tempo – futuro ou passado – e vamos colocar aí a nossa base, os nossos pés, o nosso caminhar. Nesse preciso instante, foge-nos o chão, que existe aqui e agora, o chão da experiência atual. E caímos.

Caímos ao botar os pés onde não há presente.

Cair e machucar-se é perder o eixo conector entre o estar no mundo neste preciso instante – é distrair-se num outro instante.

Pequenos tropeções nos acontecem diariamente quando andamos pelas ruas, pelas calçadas irregulares. Com os pequenos tropeções, caímos, nas quedas, nos ferimos, com os ferimentos, vêm as dores, as fraturas, a recuperação difícil, lenta e sofrida. O degrau mal sinalizado, que não vi, o pedestre incauto, o motociclista imprudente, e eu falando ao celular, enquanto dirijo o carro, a fatalidade. São quedas de todos os tamanhos, dores em todas as dimensões.

Caio também quando estou ausente do meu tempo.

Cair é parte do andar, do aprendizado e do deslocamento. Impossível seguir sem tropeços, sem perder o eixo, sem deslizar da base. Manter-se colosso inteiro e estável é um sonho, uma ambição continuamente desafiada.

Há, houve, haverá força, energia, condições que estão e que irão jogar comigo, que me irão enredar e rir da minha fragilidade e competência. É dessa maneira que descobrimos sobre nossos limites e vocações: caindo. Portanto, diante de um evento poderoso, de uma situação incontrolável, o que me resta é sabiamente cair. Entregar-me, preservando-me e cuidando-me.

A queda forçada pode se transformar numa rendição consciente. A compreensão e a aceitação do que me impede forçam, tolhem e redirecionam o desejo de transformar o meu limite, de me ampliar, de me expandir, depois de ter perdido, momentaneamente, o chão.

Cair é mover a raiz, retirando-a do seu lugar, deixando que todo nosso corpo perca o eixo. Sem a base, vai-se o eixo, o equilíbrio. São os nossos pés, simbolicamente, o nosso ponto de nutrição no contato direto com a terra, que nos direcionam. É essencial reconhecer que nem sempre podemos nos aquietar sem que tenhamos que ceder, que entregar.

O fundador do Aikidô, o mestre Morihei Ueshiba, repetia: "sete vezes cair, oito vezes levantar". Porque na queda está a semente da altivez, do que se coloca, do que se posiciona de maneira correta, preservado. Cai sete vez e se levanta oito aquele que não resiste em cair, mas que se beneficia do fluxo incontrolável para ganhar novo impulso e se colocar de pé. Como isso é possível? Como não sucumbir na rasteira da traição torpe, do prejuízo que adia a existência de um conforto necessário? Como é possível treinar para cair e da queda levantar-se?

Em primeiro lugar pela prática da atenção, que irá me permitir perceber a iminência da queda. Os ventos sopram de maneira distinta antes do temporal; os guizos chegam antes do gato. Assim terei as minhas juntas engraxadas – os meus joelhos flexionados, as minhas costas relaxadas. É o exercício da atenção clara e dirigida, sem intromissão no que acontece. A atenção na fagulha que antecede o fogo. Assim eu recebo – treinado – e posso cair, preparado. O impacto da queda e o estrago são menores se eu consigo me antecipar, observando os prenúncios. Sem me deixar surpreender, não resisto; eu me entrego cuidadosamente à intempérie. E aí tomo cuidados.

Ao assistir a uma partida de futebol em que os jogadores fazem "entradas duras" uns nos outros, é comum vermos os atletas caindo, e de longe imaginamos como terá sido doloroso o embate, o que fica mais reforçado com a imagem de dor no rosto do jogador. Parece ser impossível que apenas alguns minutos depois ele esteja correndo pelo campo, ele mesmo fazendo "entradas duras". Se dermos uma olhada cuidadosa na maneira de cair do jogador que se restabelece rapidamente, vemos que, ao cair, o atleta se protege. Ele diminui o próprio corpo, fechando-se sobre si mesmo, escondendo a cabeça no peito. Ele guarda a cabeça, a nuca, que, se for atingida diretamente, vai provocar sérios danos. O jogador aprende a se proteger, identifica o que é mais importante expor, o que deve guardar.

Ao cairmos, se mantemos o olhar na nossa origem, no nosso propósito, naquilo que nos dá significado, guardamos o essencial, aquilo que, preservado, nos irá preservar. Ao cair, perguntamos a nós mesmos: o que me traz aqui? Qual a importância desse momento para mim? Em que essa queda pode cessar o meu propósito? Que poder tem essa circunstância ou essas pessoas para mudar o que eu sei e em que creio? O que posso aprender com elas?

Cair nos obriga a refletir; a rever nossos meios e velocidades; a avaliar nossos recursos e a nossa estratégia. Uma queda é um ótimo exercício para desenvolver flexibilidade e humildade. Nem sempre podemos tudo, sabemos tudo. O outro e a situação não podem ser ignorados, desprezados, esquecidos. Estamos e somos com o outro, com a situação – com nossos impedimentos, nossas vantagens –, parte do que se constitui o todo. Na queda aprendemos um pouco sobre isso e, gratos, nos protegemos da nossa própria capacidade e força, da nossa inteligência e brilho, simples e modestamente caindo. Porque não há como não cair.

A sabedoria, disse o santo, o Francisco de Assis, está em saber o limite entre o que eu posso e o que eu não posso. Na queda, sou o resultado da ação de forças mais poderosas do que eu, ainda que momentaneamente. E, se eu resisto, quebro. Como na imagem do bambu e do carvalho. E o que para mim é mais curioso na imagem desse bambu dançarino é o fato de possuir raízes muito fincadas ao chao. O nosso chão é o nosso propósito. E é um propósito firme, claro, consistente e testado, além da minha vaidade e do meu ego; irei levada pela tormenta e logo aporto. Como na oração do náufrago que crê e recebe o bote, aferro-me ao propósito – aquele farol silencioso que apazigua a escuridão.

Uma reunião de diretoria convocada para aprovar orçamentos, entre os quais incluía o projeto dos meus sonhos, para cuja defesa eu me preparei durante semanas, aconteceu de maneira repentina, com a chamada do presidente e dois outros diretores sensíveis a minha proposta, sem que eu pudesse apresentá-la. A reunião acabou e o meu projeto foi adiado. A sensação era de ter o chão sumindo sob os meus pés. Havia o tempo dedicado, a esperança da equipe, a expectativa de grandes realizações. Agora, tudo ficava no imponderável. Não havia como não sentir o baque. Enquanto arrumava a minha pasta, ganhando fôlego e palavras para comunicar à equipe, aproveitei para repassar a história daquele projeto. Como surgiu? O que ele tinha de tão importante?

O projeto surgiu de uma motivação muito clara: ajudar jovens da comunidade em situação de risco. Seria uma parceria da empresa com algumas organizações e visava oferecer qualificação profissional com abordagem criativa e estimulante. Foram vários meses de levantamento de informações e organização de conteúdos e parcerias. À medida que me lembrava de cada uma das etapas, surgia certa frustração e tristeza, mas também, quanto mais eu me detinha no entusiasmo que a própria ideia me infundia, percebia que aquela decisão da diretoria da empresa em adiar o projeto não era um ponto-final na motivação que me trouxera até ali. Era uma pausa. E uma pausa é um bom momento para pensar, reorganizar. Subitamente, eu me sentia novamente de pé. Havia algo a ser feito. Havia mais a ser feito. Iríamos nos preparar para mais um debate. E iríamos trazer mais. Seríamos mais eloquentes nas nossas demonstrações, iríamos usar mais recursos.

Nesse estado de espírito, nos reunimos, a equipe e eu. Avaliamos que poderíamos preparar uma abordagem mais criativa para envolvermos a diretoria na nossa ideia. A partir daquele instante, iríamos começar uma campanha. Quem não gostaria de fazer parte de uma iniciativa tão bacana quanto aquela que estávamos trazendo? A queda funcionou como um impulso porque tínhamos uma motivação clara, duradoura; que ia além daquele breve impedimento.

Esse é o poder do umbigo – nossa fonte original de alimento –, o nosso propósito, o que desejamos, cremos, e que fica além de nossa circunstância pessoal, mas que serve ao outro. Isso é que nos fortalece. É o que, entendo, seja a recomendação do Sensei, "sete vezes cair, oito vezes levantar". Entretanto, essa capacidade só existe se tivermos um impulso interno para nos tirar do chão, da posição de vítima, de derrota, de apatia.

III. Não há situação absoluta

É assim e pronto! A certeza é o absoluto. É o nunca e o sempre.

Para continuarmos avançando na nossa jornada, agora treinados para receber e para cair, necessitamos olhar à volta e reconhecer: não há situação absoluta.

Descobrimos que nos protegemos movendo-nos na direção do outro, observando e compreendendo o que acontece. Tolhidos de surpresa pela tempestade, procuramos refúgio, mas permanecemos atentos ao humor do tempo para saber quando seguir.

E, ainda que estejamos preparados para receber e dispostos a agir, nem sempre temos o poder. Treinamo-nos para cair e caímos, rendidos, mas não destruídos, diante de uma força maior que nós.

Ao receber e ao cair, olhamos a situação de outro ponto. Quedas contribuem para observarmos uma cena de diferente perspectiva.

O absoluto é aquilo que não admite possibilidades. No absoluto, não existe antes, não existe depois, aquém ou além. O absoluto é um ato mágico que elimina quaisquer opções.

O absoluto não permite recursos. É a teimosia muitas vezes autodenominada sabedoria. Alinha a nossa observação e define a nossa verdade.

Uma história hindu dos seis cegos e o elefante é recontada na literatura universal como um exemplo das verdades absolutas criadas a partir de um ângulo de observação.

O rei desejou testar a sabedoria dos seis cegos, de nascimento, e pediu a cada um deles que descrevesse um elefante. Cada um dos seis cegos colocados próximo a uma das partes do corpo do elefante descrevia o bicho segundo as características daquela parte do corpo do animal que tocava. Para um dos cegos, o elefante seria uma coluna gigantesca, para outro, uma cobra com pelo na ponta, para um terceiro, uma adaga – que as presas comprovavam. E, assim, cada um tinha a certeza de conhecer um elefante, que o outro não confirmava. Apenas aquele que se distanciou do elefante e pediu ajuda a quem podia ver e para desenhar no chão a figura do elefante, e aí tateando, percorrendo com a ponta dos dedos a figura, pôde "enxergar" como é um elefante.

Assim, para cada um dos seis cegos, o elefante era absolutamente aquilo que podia experimentar, tocar. Usando as suas "janelas da percepção", um recurso de capacidade relativa, descrevia algo muito mais amplo. A paisagem vislumbrada pela fresta é muito menor que aquela descortinada pela porta aberta.

São tantas as certezas! São tantas as cegueiras gerando impossibilidades e limitando nossos gestos! Olhemos uma árvore. Afinal, o que é uma árvore? Para o botânico, um vegetal classificável; para o viajante extenuado, a sombra desejada, para o pássaro, a moradia, para o lenhador, a paga, para o marceneiro, o móvel, para o jardineiro, a beleza, para a criança, o ponto do pique-esconde... Mas aí dizemos: ora, uma árvore... é... uma árvore. E nela estão guardados tantos significados! Não existe absolutamente uma árvore! Existe uma moradia, uma mesa, um local de repouso, um adorno... Será que podemos apreender todos os significados e decretar o que é uma árvore absolutamente? Não, apenas olhar para ela e dizer: uma árvore!

Se somos provocados por alguém que nos xinga e até nos ataca fisicamente, podemos decretar: aí está um inimigo. E passamos a enxergar nele exclusivamente a expressão de alguém que nos quer destruir. É possível, sim, que, naquele momento, essa seja a intenção dessa pessoa. Mas será que essa pessoa é um inimigo ou está, naquele momento, experimentando uma divergência comigo?

Vamos olhar essa pessoa e o seu gesto. No que ela pode me ajudar? O que posso aprender com ela? Que escolhas eu tenho em relação a essa situação? Ignorar? Brigar? Colocar-me como uma vítima? Será que posso olhar essa pessoa além da sua agressão – e talvez enxergar aí o seu medo, a sua tristeza, a sua raiva, a sua dor ou a sua frustração e, mesmo recebendo o seu xingamento, não permitir que ele tenha qualquer influência sobre mim, sequer produzindo um julgamento dessa pessoa?

Se exploramos o nosso olhar e a nossa escuta, podemos descobrir outros significados para aquele que nos ataca. Aliás, até mesmo um diferente sentido para o que denominamos ataque. Será aquilo um ataque que visa nos destruir ou será uma oportunidade para que possamos treinar nossas habilidades de nos desvencilhar da situação, de criar uma nova paisagem?

Se exercitarmos o novo olhar e a escuta, não seremos condicionados pelo ódio, pela raiva e agressividade daquele que se dirige contra nós. Descobrimos que temos a chance de penetrar em outras dimensões e enxergarmos o que está além do óbvio.

Ignorar é reduzir a verdade à minha percepção, ao meu conhecimento, à minha experiência, ou seja, é a delimitação da realidade pelo meu ângulo de observação. A ignorância é a janela que eu coloco diante de mim e da qual me afasto, transformando-a numa moldura da paisagem. Aí, em lugar de abrir novas perspectivas, ela estreita o horizonte.

Ao definirmos fatos com a confiança de termos encontrado o "absoluto", enxergamos apenas o que nos preparamos para ver. Vemos o que acreditamos, o que sabemos, o que tem nome, o que pode ser descrito, o que é confortável. Da nossa predisposição em reforçar o que já conhecemos, definimos o que pode ser novo apenas a partir do que antes experimentamos. Aquele que nos critica é um adversário, aquele que nos elogia é um amigo, aquele nos aceita é aceitável, aquele que nos rejeita deve ser abandonado.

É um círculo vicioso que sustenta, alimenta e reforça a predisposição, o preconceito e aquilo que acreditamos saber. Condicionamo-nos pelo sabido, num contexto diferente, e toda informação serve apenas para reforçar as ideias estabelecidas. A armadilha é a fixação. A reciclagem encontra novos usos para objetos, assim como o artista reedita as suas vivências em linguagens simbólicas que se tornam patrimônio de todos.

O todo é maior que a soma das partes. Não apreendemos o todo "absolutamente". Apreendemos o todo do instante, do presente, direcionados pelo nosso interesse, pela nossa atenção. O exercício da constante vigilância quanto aos nossos propósitos, aquele mesmo que nos alavancou quando caímos, vai nos facilitar a releitura de uma situação, de um personagem.

Nesse passo, treinamos mudar de ponto de vista. Aprendemos a incorporar perspectivas diferentes enriquecendo-nos com o novo, mesmo na paisagem costumeira. É mais do que buscar novos elementos, detalhes, objetos novos, situações inéditas. É a redescoberta de que não há limites, certezas, mesmo em relação àquilo sobre o que pensamos saber tudo.

IV. Não há situação definitiva

Cá estamos, no quarto passo do nosso método.

Sei, agora, apenas uma parte, não sei o todo, o tudo. Dessa maneira, chego aqui mais leve. Afinal saber tudo, o todo, é um grande peso. E não foi fácil chegar até aqui – recebemos notícias ruins, vivemos momentos imprevistos e difíceis, tivemos que rever nossas certezas, mas cá estamos.

Tenho uma amiga que me diz o seguinte: quando a gente quer fazer um passeio, é só marcar a data e se esquecer. Logo o dia e a hora do passeio chegam. Parece que não, mas o tempo voa. Hoje, daqui a um mês é algo muito distante; o ano que vem é remotíssimo.

Quando éramos crianças, os dias que antecediam o Natal pareciam tão longos... E a véspera do Natal era interminável! Íamos para a cama mais cedo para a noite passar logo e chegar a hora de abrir os presentes.

Temos essa sensação – a de que as coisas duram para sempre. Que nada muda. Embora saibamos, racionalmente, que não há situação definitiva.

As coisas boas passam, assim como os momentos ruins. Mesmo as grandes perdas perdem a cor.

Há uma frase que dá uma receita de bem viver, com a qual me identifiquei já na infância. "Rir é o melhor remédio!" Rir é tratar com cordialidade, mas sem reverência e submissão, o fato. Basta reconhecer e aceitar, não é preciso ceder ao seu império.

Uma receita que sempre dou aos clientes ansiosos que vão participar de uma entrevista difícil, de um depoimento, sob pressão e têm muito medo do que vão encontrar é que recontextualizem a situação, projetando-a num passado distante. Que olhem para a dificuldade como algo que já foi superado. Assim, essa dificuldade não se torna intransponível ou definitiva. Isso me permite rir, olhar com relaxamento a situação, afinal passou.

Aquilo que floresce decai, aquilo que é arrancado pelo tempo da maturidade deita as sementes para o novo. Nesse fluxo contínuo, respeitamos o *des*-encadear do tempo, ele mesmo uma ilusão necessária, como a fantasia obrigatória para os bailes de carnaval. No ardor da força, é inimaginável a decadência, no leito da velhice, como ficam distantes o gatinhar dos primeiros meses da infância. Mas todos esses momentos são recortes de um só tempo, o da nossa história. Porém, nem sempre reconhecemos, quando os experimentamos, a sua finitude.

Acostumados às alturas, desdenhamos das planícies. Vigorosos, desprezamos o andar titubeante do velho. Olhar a morte, como olhar a vida, como partes inseparáveis do *continuum* da nossa história onde escrevemos força e fraqueza, perdas e ganhos, cada qual revelando a misteriosa vocação de um instante. Lidar com esse ritmo incontrolável e aceitar alegremente essa báscula irá nos propiciar mais tolerância, o molejo para tratar os acessos de fúria do colossal e para compreender a arrogância dos poderosos. É o medo da queda que faz o forte avassalador, é o medo da queda que faz o poderoso impiedoso. Cada um deles sabe, como sabemos nós, que a força decresce, que o poder se exaure.

Um cliente me dizia que havia entrado na eleição para disputar o cargo de prefeito e não podia imaginar que seria como era: um jogo duro. Não via a hora de acabar. Contava as semanas, os dias. E cada hora era uma tortura!

Igual a nós, crianças, esperando a hora de abrir os presentes de Natal, desejando apressar o tempo.

O tempo não se rende à nossa pressa. Ele demarca as transformações.

Na sucessão dos dias que compõem as estações – haverá o instante em que o fruto irá se desprender dos galhos das árvores, que as flores vão se romper, que as chuvas vão inundar e os ventos do norte vão se desgarrar e uivar, levando-nos a procurar a proteção das nossas cavernas –, vamos aproveitar cada passagem desse tempo. Para nos adornarmos com as flores, para apreciarmos os frutos, para surfar nas águas tempestivas e para orarmos em sossego aquecido.

Na sucessão dos meses, dos anos, o mestre será sucedido pelo discípulo. Nas empresas, o executivo de sucesso prepara o seu sucessor.

O filósofo grego Heráclito definiu a mudança com a imagem do rio em cujas águas ninguém se banha duas vezes.

Em algum momento somos o mestre, em outro, o discípulo. Em uma época, sou o estagiário, anos depois, o diretor. Por hora, o sucesso, depois o fracasso.

A gentileza e a cordialidade são pequenas virtudes importantes nas relações diárias. Funcionam como um colchão protetor para o sobe e desce inevitável. As regras sociais de convivência nos forçam à civilidade quando estamos em posição de força e nos preservam quando somos nós na lona. Se não temos o sentimento genuíno ou o reconhecimento claro de que nem sempre estaremos por cima, as regras das boas maneiras nos valem. Elas podem nos salvaguardar dos safanões e das grosserias que mais tarde seriam usadas contra nós.

Outra lição desse passo diz respeito à paciência, recurso, aliás, que é uma exigência para todo o caminho. Saber que nenhuma situação é definitiva é a fase mais preliminar de qualquer observação das circunstâncias, dos cenários. Essa consciência produz calma e atenção às transformações em andamento.

É simplesmente a atenção no momento que gera a oportunidade para o movimento criativo. A calma tranquila de quem percebe o desenrolar dos tempos e não se apressa ou se retrai, apenas responde com precisão.

E há muita sabedoria em reconhecer que as mudanças são permanentes. O ritmo, os ciclos fazem parte de estarmos vivos. É o natural.

Sabemos que a dor, assim como a festa, são ocasiões. Depois da dor vem o alívio, depois das comemorações podem vir a ressaca, o cansaço e a desordem. Aqui é necessária a leveza – tanto para desfrutar o prazer como a dificuldade. Amanhã é outro dia, com outra luz. Não nos levemos tão a sério! Rir de nós mesmos é o melhor remédio.

V. Para cada problema há quatro saídas

Felipe me liga para contar que desistiu da compra do computador novo. Está com o cheque especial estourado. Quando viu o saldo negativo crescendo na conta do banco e no cartão de crédito três meses atrás, resolveu segurar os gastos.

Começou cortando despesas com restaurante e roupas novas. Não foi o suficiente, havia acumulado dívidas que todo mês continuavam aumentando o seu déficit. Agora, resolveu lidar com a questão: ligou para o gerente, renegociou a dívida e fez um plano de cortes, olhando também as contas acumuladas.

Felipe tem um problema. Um problema é sempre uma situação que nos afeta e em relação à qual podemos agir.

Podemos lidar com o problema atuando diretamente sobre ele, paralisando o seu *status*. Podemos agir indiretamente, visando controlar a sua evolução.

Felipe escolheu, no primeiro momento, tratar da situação indiretamente – cortando despesas para evitar que a dívida aumentasse. No segundo momento, Felipe olhou diretamente: travou a dívida, isolou-a, renegociando a quitação.

Esta é a primeira porta de saída: ir pelas beiradas – em vez de dizer não, insinuo. É o sim com cara de não, e vice-versa.

Muitas vezes, quando não queremos o ônus de desagradar alguém, fazemos de conta que concordamos, mas deixamos entrever a nossa verdadeira posição, diferente do que dizemos.

A segunda saída é, depois de definirmos de que maneira vamos tratar o assunto, direta ou indiretamente: como, a partir daí, vamos agir, seja em relação à dívida congelada ou em relação à dívida administrada.

A segunda saída então é a sequência de ações que adotamos depois que aceitamos a existência do problema e já estamos agindo em relação a ele.

Felipe definiu cortar gastos com roupas e restaurantes no primeiro momento e depois cancelou a compra do computador e fez um plano de pagamento da dívida junto ao banco.

A primeira saída: o tipo de abordagem, direta ou indiretamente; a segunda saída: a ordem das ações selecionadas.

Felipe constatou, três meses atrás, que a sua conta ia mal e decidiu esperar para agir.

A terceira saída refere-se ao tempo da ação. Posso agir imediatamente assim que tomo conhecimento do fato ou avalio que a passagem do tempo terá efeito benéfico sobre a situação.

Há coisas que, na espera, resolvem-se por si mesmas, e há outras que exigem atuação imediata. Se onde há fumaça há fogo, e se não quero que ele se alastre, não espero que as labaredas apareçam.

Conhecer o potencial da situação é de grande eficácia para usar bem o tempo. O fogo queima enquanto tiver combustível. Mas, por outro lado, se a maré sobe, sei que posso esperar que ela baixe. Não posso acelerar esse fluxo. Nesse caso, esperar é o mais eficaz, mais sensato. Isso é saber a respeito do potencial da situação: como ela tende a evoluir? Ela tende a evoluir obedecendo a sua natureza. Ou por outra: se eu planto o cajueiro, não posso esperar que ele dê mangas.

Acontece que muitas vezes ficamos frustrados porque contamos com um resultado que está totalmente fora do potencial da situação. Todos sabemos da piada em que o sapo atravessa o rio carregando a cobra e quando chega à margem a cobra o morde. Surpresa! O sapo ajudou e a cobra o feriu. É da natureza da cobra comer sapos. Isso é o potencial da situação.

Muitas vezes queremos agir num determinado tempo sem considerar que o tempo age podendo resolver ou complicar uma situação. Depende do potencial dessa situação.

E a quarta saída: a quem pertence o problema? Pode parecer óbvio no caso de Felipe: a ele próprio. Afinal, a dívida é dele!

Pode ser que sim, pode ser que não.

A dívida de Felipe diz respeito também ao banco. Se Felipe não pagar a conta, ficará com nome sujo na praça, perde o crédito. E o banco fica com o prejuízo, deixa de receber o que lhe é devido.

Portanto, quando olhamos o problema, encontramos uma boa pista para resolvê-lo se também identificamos a quem ele afeta.

Dizem os textos budistas que o príncipe Sidarta Gautama, o Buda histórico, quando se iluminou, descobriu a origem e a cessação do sofrimento – poderia usufruir daquele estado de suprema paz e sabedoria ficando nesse estado búdico de grande realização. Mas o Buda entendeu que o estado de sofrimento do qual se libertara não era uma condição que dizia respeito apenas a si, mas a toda a humanidade. Decidiu então transmitir a sua sabedoria a todos os que se abriram para ouvi-lo, fazendo-o por meio de instruções piedosas. Queria que todos pudessem alcançar a iluminação e se libertar do sofrimento. O Buda olhou o sofrimento e a cessação dele como algo que pertencia a todos. Assim, aquilo que poderia ser visto por ele como um problema que afetava apenas a si mesmo, cuja resposta só serviria a ele, foi ampliado e, dessa maneira, trouxe respostas que serviam a toda humanidade.

Evidentemente, a solução para qualquer problema depende essencialmente de como vemos o problema. Se eu acho que é meu, atuo dentro da minha capacidade; se há mais gente envolvida, vou compartilhar a responsabilidade pela mudança. Para isso é preciso um acordo.

É um ponto muito interessante. Afinal, de quem é o problema?

A visão sistêmica ajuda. Além das pessoas envolvidas, em que ambiente as coisas acontecem? São fatos provocados pela decisão de uma pessoa, de várias ou por acontecimentos que se superpuseram?

Na prática: Felipe gastou mais do que tinha, o resultado foi que se endividou.

Mas o banco cobrou juros altíssimos, isso aumentou a dívida.

As leis que regulam a atividade financeira não limitam os juros, portanto, juntando Felipe mais o banco mais as regras, temos uma grande dívida.

O problema é de Felipe e do banco. Na maior medida é de Felipe, pois ele tem mais a perder. Portanto Felipe tem responsabilidade maior em relação à questão.

Todavia, na visão sistêmica, não é apenas Felipe o responsável pela situação. O banco e as regras são potenciais de situação que evoluíram para o agravamento.

Quando olhamos o problema e o fazemos de maneira sistêmica, compartilhamos responsabilidades e, em muitos casos, não assumimos a parte que não nos pertence.

Outra situação. Joana tem um irmão alcoolista. Isso traz uma grande dor para Joana, sua mãe e seu pai. O irmão não aceita o tratamento, continua bebendo e se comportando de forma arriscada, dirigindo carros quando está bêbado. Um dia ele sofre um acidente e morre.

Joana sente remorso e culpa pela morte do irmão. Isso é um problema grave para ela, que está deprimida por causa do significado que dá ao acontecimento.

Em primeiro lugar, a decisão de beber e dirigir é do irmão, não dela. Portando, os resultados de sua decisão pertencem a ele. O sofrimento de Joana e a dor pela perda são reais, mas, se ela quer substituir o irmão nas escolhas dele – acreditando que tem o poder de fazer com que ele não beba e não dirija bêbado –, ela vai, sim, trazer para si a responsabilidade pelo acidente. E isso não é verdade. Joana não tem esse poder, portanto, ela não tem um problema. Ela tem uma dor cuja origem é uma perda e em relação à qual a saída é o tempo.

Do ponto de vista da comunicação, podemos olhar as quatro saídas também de maneira prática.

Sou o gerente da fábrica e fui informado de que haverá uma reestruturação. Haverá demissões e eu devo fazer uma lista de funcionários do meu departamento, encaminhar os nomes à área de recursos humanos e ao meu chefe. Haverá o corte de pelo menos doze trabalhadores num quadro de quarenta e cinco. Quais são as minhas quatro saídas?

Em primeiro lugar, compreendo o ambiente: é uma decisão à qual não cabe recurso. Tampouco está na minha área de competência influenciar essa decisão.

Agora começo a olhar as quatro saídas do ponto de vista da comunicação:

Primeiro, a abordagem: vou tratar disso diretamente ou vou deixar que o meu chefe fale?

Segundo, o uso dos recursos: como devo comunicar? – enviando um *e-mail* coletivo, fazendo uma reunião, chamando os líderes dos grupos, mando uma carta a todos; e o que devo comunicar? – informar sobre todo o processo de reestruturação, falar apenas sobre o meu departamento...

Terceiro, a definição do tempo: quando vou comunicar? – no momento em que as demissões forem feitas, antes de fazer as demissões, deixando que os fatos falem por si?

Quarto, quem vou envolver: se vou falar, a quem devo comunicar a respeito da situação? – à equipe, a ninguém, a alguns...

Em um problema, o tempo define a sua urgência, o tema e o público, a sua importância.

Na estrutura de uma resposta, está a compreensão do problema. Na definição da saída, está o realinhamento da minha energia, o uso do meu tripé-base (o que sei), do meu centro (o meu propósito), do meu eixo – reconhecer as minhas possibilidades, exercitando novos ângulos de observação.

VI. Convide o outro a se mover com você

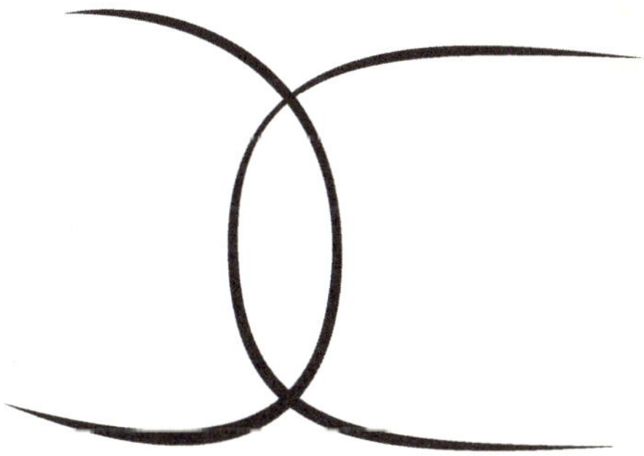

O magistral ator Al Pacino, no papel do coronel Frank, no clássico filme *Perfume de mulher*, convida a belíssima Donna (Gabrielle Anwar) – que espera o namorado –, que ele encontrava pela primeira vez, para dançar um tango. O coronel é cego e tem a ajuda do jovem Charlie (Chris O'Donnell) para se aproximar de Donna e se situar no salão.

Quando convida Donna, o coronel nota que a moça exala o perfume de um sabonete especial, o que surpreende a moça, que se sente reconhecida. Assim, quebra o gelo da intromissão e, em seguida, faz o convite inusitado. Donna gostaria de aprender a dançar tango, mas o seu namorado – aquele ausente – acha a dança ridícula. O coronel esclarece que quando se dança o tango pode-se errar e continuar dançando. E isso faz do tango uma dança muito especial. Donna aceita o convite e os dois fazem a cena memorável, principalmente porque o coronel abre espaço para Donna errar e se recompor, e assim podem continuar dançando.

Evoluímos, no passo a passo da estratégia do Ki, no aprendizado da vida. No passo inicial, treinamos para receber – protegemo-nos, colocando-nos numa posição correta, a uma distância correta, aceitando os fatos. No segundo passo, caímos – há coisas que não controlamos, mas nos preservamos, mantendo-nos conectados ao nosso propósito. Do chão, aprendemos o passo seguinte: não há situação absoluta – dou novo significado aos acontecimentos, inclusive e principalmente reconhecendo que não sei tudo. Assim, posso me levantar – afinal, não há situação definitiva. De pé, olho qual a melhor saída para lidar com o momento – o que está acontecendo? O que me pertence em relação a isso? Quais as ações cabíveis, em que tempo e quem devo envolver?

Chegamos, assim, ao momento seguinte da nossa estratégia, o passo seis: convido o outro a seguir comigo e, para tanto, reconheço-o, dou-lhe importância, observo o seu ritmo e preservo o espaço necessário para que esse convidado se mova.

Convidamos o outro na medida em que abrimos espaço para que ele chegue. Na medida em que criamos condições para que ele participe e se expresse. Convidar é sair da frente, é oferecer ao outro o horizonte.

Convidar é esperar que o outro chegue, que se aproxime, que faça parte da congregação. Convidar é arrumar a casa à espera, preparar a comida para a festa da chegada, pôr flores nos vasos, limpar a poeira dos móveis, varrer o chão e ter música no ar.

Quantas vezes esperamos que o outro se junte a nós, mas não o convidamos a vir? O nosso convite é a mera formalidade vazia das expressões que iriam facilitar que ele se achegasse. Sim, quero que venha: aqui está o mapa, como chegar, a que horas, como vir.

Se eu quero que o outro venha comigo, devo ser específico, claro, concreto no meu convite. Assim abro-lhe espaço, demonstrando que o portão está aberto, que a porta está descerrada, que a mesa está posta.

Uma das brincadeiras que se fazem com os cariocas é a maneira como expressam a sua cordialidade com os conhecidos, sem que ela contenha um compromisso concreto. "Aparece lá em casa! A gente se vê!"

E o encontro possível é apenas uma formalidade de despedida, não é um convite.

Convite exige tempo e lugar. Exige mapa e meios para se chegar, exige espera e culmina na chegada. Exige ajuste ao outro – o que vem – no seu tempo, nas suas necessidades.

Um convite é um gesto de bem-aventurança que inclui a esperança de se poder continuar junto numa direção, por um objetivo – mesmo temporário – comum. É um exercício de espera, de abertura.

No convite para a dança, está implícito meu cuidado em relação a você – não lhe pisarei nos pés. Estarei com você, e você fará os movimentos que puder, no espaço que lhe garanto.

Naqueles momentos difíceis em que compartilhamos um problema e não posso sozinho encontrar a saída – porque somos nós dois os agentes da solução –, preciso abrir espaço para que você também atue. Não posso sozinho encontrar o caminho que nos reorganiza.

Nesse convite, cada qual define o que pode, onde pode, como pode fazer. No convite, cada qual tem uma função, uma obrigação e um limite. Convites estabelecem regras e como essas regras serão cumpridas.

Um convite é um movimento generoso e delicado. Não se impõe ao outro, cria-se nele o ânimo para participar.

A aceitação do convite está relacionada à sua natureza, à oferta que fazemos. O que temos a dar. Ao outro, o convite deve parecer genuíno, honesto, feliz. A ninguém apraz ser convidado "de última hora", ou por simples formalidade. A cada um o convite deve representar o desejo real de ser recebido, abraçado, atendido, respeitado.

Uma composição do admirável sambista paulista Adoniran Barbosa canta: "O Arnesto nos cunvidou pro samba, ele mora no

Brás, nóis fumo e num incontremo ninguém [...] isso não se faz Arnesto [...]". Assim como Adoniran reconhece que isso não se faz, cada um que é convidado sem que seja esperado alimenta descrença e desconfiança e cada vez menos se dispõe a agir em conjunto.

Um convite é um compromisso. Envolve um risco – o de não ser aceito – e uma disposição, a de esperar preparado. À espera do filho, a mãe convida-o, durante as trinta e seis semanas de gestação, à sua casa, à sua vida. Organiza o espaço da chegada às necessidades do bebê. Assim o recebe, com fraldas, lençóis, o leite no peito e os braços para afagar. Abre-se, no espaço da morada e no espaço do coração.

Se eu convido e cerro a porta, ou se não preparo a mesa, estou dizendo que o meu desejo de tê-lo não era genuíno. Que eu estava cumprindo alguma determinação social ou atendendo a uma tradição.

Numa ocasião, fui convidada por um amigo a quem não via há muitos anos para conhecer sua nova casa, recém-transferido para a cidade. Ele marcou às oito horas da noite. Cheguei nessa hora e encontrei o meu amigo de bermudas, correndo de um lado para o outro, surpreendido pela minha chegada. Fiquei naturalmente envergonhada pela minha presença. Era um convite que eu deveria ter interpretado como um desejo ainda em construção. Mas como saber?

Se eu o convido, devo me preparar para tê-lo como convidado, oferecendo-lhe as iguarias de toda a atenção, devo curvar-me paciente a você até que se ajuste a esse novo instante para que eu possa realizar o meu movimento. Afinal, eu o convido para se mover comigo. Faço-o gentilmente e determinada. Eu o recebo. É meu convite! Seja bem-vindo. Temos um passo além.

VII. A circunstância define a técnica

Maria assa o pernil com a porta do forno semiaberta. Eu pergunto à Maria: "Por que você não fecha a porta do forno?". E Maria responde: "Aprendi com a minha mãe, que aprendeu com a minha avó. Sempre assamos o pernil com a porta do forno aberta, e o pernil que assamos é o melhor!".

E eu penso: "Como Maria é boba!". Julgo Maria e não olho o que faz com que Maria asse o pernil com a porta do forno aberta.

E Maria nunca se perguntou o que fez com que a sua avó assasse o pernil com a porta do forno aberta. No tempo da avó de Maria, os pernis eram grandes, e os fornos, pequenos. Não era possível fechar a porta do forno...

A poliginia, que é o casamento de um homem com várias mulheres, era uma prática autorizada e mesmo estimulada em algumas tradições religiosas da Antiguidade. Um rápido julgamento moral – que absurdo! – não me deixa ver as circunstâncias que favoreceram o surgimento dessa prática. Naquela época, o ambiente era de guerras permanentes e o número de mulheres era muito maior que o número de homens. As mulheres viúvas e as solteiras em grande número não poderiam ter um marido só para si...

Como o nosso personagem de Al Pacino, se a orquestra toca o tango, é o tango que se dança.

A estratégia não pode estar deslocada do mundo, da experiência concreta. As recomendações teóricas são importantes para a elaboração de um método, mas ele só se efetiva na prática. E essa prática é definida pela circunstância. O eterno prescinde de método – preexiste e sobrevive ao efêmero.

Muitas fórmulas no *marketing*, na publicidade, fazem sucesso. O mesmo *jingle* da campanha de ontem é reproduzido hoje para públicos distintos. A preguiça de encontrar o que se distingue agora do que havia ontem faz com que muitos planejamentos e campanhas políticas, por exemplo, sejam um "cortar e colar". Isso é a reprodução sem rodeios do que já foi feito, apenas mudam o cliente e cor do material.

O domínio das condições terrenas é imprescindível.

Ao longo do nosso processo, interagimos cuidadosos com as circunstâncias, com o tempo e o espaço do outro, dedicados à nossa motivação e ao nosso propósito. Estamos inteiros na viagem, mas agora faremos outras escolhas, a de usar as informações com precisão.

O remédio universal é um placebo. Aquele nada ao qual atribuímos todo o poder. A cura está na crença, na confiança, porém para superar os desvãos do caminho é requerido mais que determinação ou fé. É preciso o uso de técnicas específicas. Como na refeição de muitos pratos: à sopa, a colher; ao talharim, o garfo e a colher; à carne, a faca serrilhada e o garfo; à taça de sorvete, a colher de cabo longo. Para cada prato da mesma refeição, um talher. Para cada circunstância, uma técnica.

As circunstâncias são o efêmero sobre o qual repousa o eterno. Para que a viagem não se interrompa e os viajantes cheguem ao seu porto, é preciso agir em cada detalhe, adequadamente, harmoniosamente. Sem subestimar as exigências do momento.

Imagine-se tentando atravessar o rio de águas turvas e turbulentas de bicicleta ou escalar a montanha numa lancha... Da mesma maneira, imagine-se falando com alguém que acaba de perder um ente querido a respeito dos seus planos para o carnaval.

A técnica é o conhecimento instrumentalizado. É a materialidade do método para atender a uma necessidade. Pela técnica, obtida com treinamento, desenvolvemos habilidades para responder às circunstâncias, reconhecendo as suas peculiaridades. É a resposta curta e direta.

Os técnicos, de todas as especialidades, ganham fama pela qualidade das suas respostas – agilidade e precisão – nos desafios que enfrentam: o cirurgião que extirpa incisivamente o órgão doente; o treinador que interfere fazendo a substituição necessária no time que é ameaçado pela derrota; o orador que intercala na sua fala o suspense e a revelação, atento à respiração da plateia.

A circunstância, na sua precisão e passagem, não se rende a tratamentos generalistas. Ademais, o que servia há pouco agora é descartado. O que mudou em mim, no outro, no cenário? Quais são as novas circunstâncias?

Um dos grandes desafios da convivência prolongada entre os casais é a atenção devotada às circunstâncias. Como se cada dia fosse igual ou semelhante ao outro, entregamo-nos à rotina das técnicas já usadas. Mas cada dia é um dia novo, traz alguma coisa que não havia antes, porque hoje também não somos o que éramos. O que terá mudado na sutileza do instante?

A resposta está na observação criteriosa e paciente, na atenção presente para perceber além do que é evidente. Foi um sonho diferente que passou a frequentar a mente? Uma fantasia? Um temor? Ao sonho oferecemos a candura da escuta carinhosa; à fantasia, a realidade da vida compartilhada nos momentos felizes; ao temor, o colo da confiança e do preparo.

A técnica correta depende de reconhecimento da circunstância. Não se vive por atacado. Cada passada é nova. Mesmo as boas rotinas – aquelas que comemoram com idêntica alegria os sucessos – podem não ser a melhor técnica para todas as conquistas. O meu amigo sempre presenteia com estupendos chocolates os seus novos parceiros de trabalho. Da última vez, o seu presente foi gentilmente devolvido pela colega, alérgica a leite e derivados. Havia, da parte do meu amigo, a vontade de homenagear, mas, desatento à circunstância pessoal da colega, valeu-se do expediente geral que normalmente parecia funcionar.

É insuficiente que tenhamos ótimas intenções, é imprescindível que estejamos atentos e criteriosamente informados antes de definir qual a melhor técnica e a que resultará no que desejamos alcançar.

A definição da técnica – o uso da arte apropriada – deve estar orientada pelo sentido único de complementaridade, ou seja, de construirmos, pelo nosso gesto, a unidade ameaçada. Isso acontece quando ambos disputamos no mesmo diapasão. Se ele grita, eu grito mais alto – e ninguém se ouve... Se ele corre, eu corro mais – e nos atropelamos –; se ele se fecha, eu me tranco... Para que o equilíbrio seja estabelecido e a unidade restaurada, da minha parte, observo o tom necessário, a velocidade e a intensidade, o tamanho cabível.

Se o outro se excede, eu me contenho; se o outro agride, eu saio da linha do ataque; se o outro esbraveja, eu baixo a voz. Os extremos vão se dirigindo ao ponto de equilíbrio, ao centro, quando compenso a sua natureza com o que lhe falta, que o faz íntegro, uma representação do todo. O claro, como no símbolo do Tai chi, complementa o escuro, o convexo cria o côncavo. E, unidos, formam o possível, o necessário, o harmonioso, a unidade.

VIII. O movimento é feito a partir de você

O porteiro reclamava ao médico de suas noites insones, do seu mal-estar e de uma dor de estômago que lhe estragava o humor. Na origem dos problemas, estava a sua profunda insatisfação com o trabalho. Ali, onde ficava oito horas por dia, era tratado como se não existisse pelos moradores, que nunca o cumprimentavam ou lhe lançavam um olhar de atenção. Esse sentimento de ser ignorado, e até com rudeza, o estava deixando incomodado e ele pensava mesmo em procurar outro emprego, embora aquele, naquelas condições de horário e de salário, o atendesse plenamente. Não fora o desagrado com as pessoas, tudo iria bem. Mas o que precisava agora era de alguma medicação que lhe aliviasse a insônia e a dor de estômago.

O médico ouviu pacientemente as queixas do porteiro e propôs uma conduta, antes de prescrever a medicação. Ele deveria, no prazo de uma semana, quando então retornaria ao consultório para o diagnóstico final, fazer algumas modificações no seu dia a dia. Em primeiro lugar, quando qualquer morador chegasse ou saísse, quando qualquer pessoa passasse pela portaria, iria acompanhar a pessoa até o elevador e abrir a porta, cumprimentando-a com um leve sorriso. Isso deveria ser feito diariamente, durante todos os sete dias antes da consulta seguinte, para que o médico pudesse observar melhor as condições para o tratamento.

O porteiro, sem compreender, mas confiando nas orientações do médico, obedeceu. A cada um que passava pela portaria dirigia um cumprimento, um sorriso e um gesto de atenção.

Ao final do prazo estabelecido, o porteiro voltou ao médico. Magicamente, relatou o paciente, a insônia passara, não sentia dores no estômago, e o que era mais estranho em tudo isso era o comportamento das pessoas. Subitamente, contou, todos estavam tão simpáticos e atenciosos com ele! Estranhamente, contou, as pessoas que iam e vinham no prédio eram todas muito simpáticas e acolhedoras. O médico então reforçou o tratamento. O porteiro deveria manter o ritual do sorriso e da atenção, assim teria de volta sorriso e atenção.

Ainda que desejemos transferir ao outro e à circunstância o ônus das nossas insônias e insatisfações, somos nós os donos dos recursos que nos permitem relaxar e desfrutar a existência. O nosso movimento contagia e se espalha, como num efeito dominó, sobre aqueles que nos cercam. Todos nós nos defendemos do que nos parece ameaça, nos escondemos do que nos parece agressivo ou simplesmente revidamos com a mesma força. Assim é gerada a espiral que traz pela expressão da nossa vontade, da nossa imprudência e impaciência, mais violência, mais raiva, menos disposição de ouvir, aceitar, acolher.

Geralmente usamos, como pretexto para tapar olhos e ouvidos, o descaso do outro. Agimos reativamente, pautados pelo outro. A nossa agenda é uma resposta condicionada ao estado de espírito do outro e, diferentemente de buscarmos o que levaria a uma soma, a reunião, reforçamos o que distancia, porque não assumimos a responsabilidade de fazer o movimento que fará a diferença e poderá transformar o receio em confiança, a dúvida em capacidade de tentar, a resistência em escuta.

É mais cômodo, e aparentemente simples e natural, nos deixarmos conduzir por desculpas e justificativas quando o esforço mínimo exigido de nós é o exercício da autogestão, a consciência de sermos agentes, e não apenas simples reagentes. Ao reconhecermos o incômodo, temos um papel a realizar: o de lidar com esse incômodo, que começa em mim, não no outro.

A transferência de responsabilidade para o que sentimos é a abdicação da nossa capacidade de assumir o nosso papel. Se sou a vítima frágil, não sou aquele que erra! Quem erra é o outro!

No entanto, responsabilidade não é o mesmo que onipotência, quando assumo orgulhoso o poder total sobre o destino dos eventos. Novamente é preciso que eu me circunscreva ao meu limite, que é a capacidade que possuo de agir em relação a mim mesmo antes que possa agir no outro. Da minha intenção manifestada no meu movimento, influencio a decisão do outro, que, convidado, atendido, pode ou não se achegar a mim, a minhas ideias, a meus desejos, crenças e sentimentos.

Há uma distância portentosa entre exercer o controle em mim e o que posso em relação a mim – porquanto, muito embora eu possa desejar fazer algo, um movimento qualquer, e me veja impossibilitada pela minha habilidade, pelo conhecimento de como fazer. Se querer é poder, diz o ditado popular, esse querer só se materializa depois de tanto querer ser treinado e preparado no próprio fazer. Pela repetição, adquiro a destreza, a técnica para executar o movimento.

A maneira de nos prepararmos para esse autocontrole é ir como a criança que come o mingau quente: pelas beiradas, devagarinho. Experimentando aos poucos, conquistando cada limite na tentativa delicada do próprio movimento. E recuando quando houver dor, para olhar o que ela traz, além do martírio, lembrando-nos até onde podemos chegar sem nos danarmos; por isso, tudo deve ser feito com carinho, com respeito, lentamente, na doce apropriação do que podemos agora.

Sim, eu erro, sim, eu acerto. Porém, nada disso faz de mim um monstro ou um herói. Haverá tantos erros, tentativas e acertos quanto mais eu me dedicar a repetir, a repetir com gentileza, desde o início, as respostas que gostaria de dar, que admito como sendo aquelas apropriadas, para me aproximar, para realizar a soma, a unidade com o outro, com o tempo, o espaço, o momento.

Não basta que eu convide e receba, que eu saiba como me expressar, que identifique a vocação das circunstâncias: devo me mover.

E isso só acontece quando me levanto do sofá cômodo, da cama macia, da cadeira confortável e olho o horizonte, e olho ao meu lado, e também aqueles que me seguem. Fazer o movimento, a partir de mim, é manter a consciência acesa e plena, na vigília responsável das consequências dos meus atos.

O porteiro que sorri para o visitante, para o morador, o faz mecanicamente, na expectativa da própria cura, mas sem compreender como ela virá. Pela repetição do sorriso, o seu rosto relaxa, os músculos perdem o retesamento e o seu olhar se ameniza. Naturalmente, os seus pés irão na direção do outro, facilitando-lhe o caminho, as suas mãos abrindo-lhe as portas e carregando os seus pacotes. O que se iniciou pela determinada disciplina tornou-se parte sua: servir, acolher, fazer parte.

Embora possamos incorporar movimentos destrutivos e desagregadores, assim o fazemos também pela repetição na nossa maneira de lidar com circunstâncias infelizes. Aprendemos e treinamos, preparando-nos para a luta cruel, também um movimento autêntico, porque o incorporamos. Mas, tendo aprendido esse movimento doloroso crendo que ele seja a resposta única e necessária à nossa sobrevivência, podemos reaprender a fazer de outro jeito.

Começaremos pelos resultados mais imediatos da nossa mudança, em relação ao que nos cerca. Daí adquirimos o estímulo inicial para o novo aprendizado. Observaremos como, do nosso gesto gentil, surgem gentilezas quase sempre, e quando elas não vierem, não desistiremos. Vamos procurar uma forma de cumprimentar, respeitando o momento de não ser recebido. Porque também é assim. Abrir a porta não significa que o outro irá entrar. Sinaliza que estamos dispostos e disponíveis, que com isso facilitamos a escolha do outro. O convite foi feito. O gesto o completa.

IX. O ponto de atrito é o menor ponto do contato

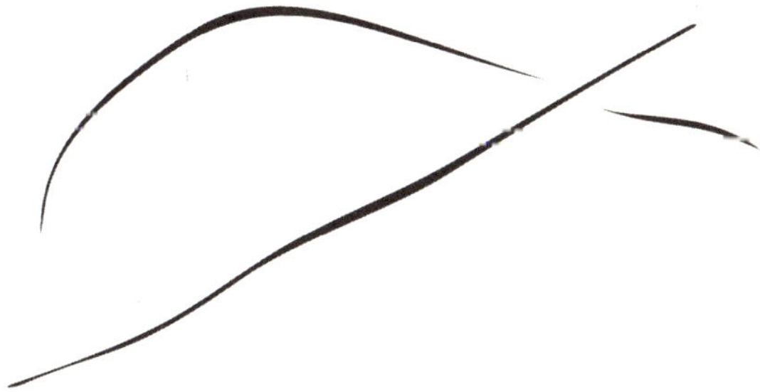

O Acordo Tripartite, de 19 de outubro de 1979, assinado entre Brasil, Argentina e Paraguai, definiu a utilização dos recursos hidráulicos no trecho do Rio Paraná desde as Sete Quedas até a foz do Rio da Prata. Esse tema era de grande sensibilidade e tratado pela Argentina como de segurança nacional, por causa da construção da Usina de Itaipu, obra em fase final de construção, cuja eventual abertura das comportas, num conflito com o Brasil, aumentaria os níveis de água do Rio da Prata e inundaria a cidade de Buenos Aires.

A tensão entre Brasil e Argentina era histórica.

A primeira reunião entre os negociadores do Acordo foi feita em Brasília. Havia grande expectativa da imprensa em relação aos seus resultados. Na ocasião, eu era uma jovem repórter que acompanhava os assuntos do Itamaraty para o Diário do Comércio e da Indústria de São Paulo.

Ao final do encontro dos diplomatas, o embaixador argentino, Oscar Camilión, conhecido pelo seu charme pessoal e suas habilidades persuasivas, surgiu como porta-voz.

Nós, os jornalistas, prendemos a respiração para ouvi-lo. E ele começou afirmando: "Foi um ótimo encontro! Concordamos que há discordância entre nós!".

Aprendi, naquele momento, embora só tenha tomado consciência muitos anos mais tarde, que o ponto de atrito – as nossas diferenças – é o menor dos pontos no nosso contato.

Quando identificamos que os nossos desacordos podem ser reconhecidos como parte de um acordo futuro – pois eles nos permitem avaliar em que podemos ceder –, aprendemos que são sinalizadores, não representam o nosso todo. Há muita coisa livre para ser vista e em relação à qual podemos trabalhar.

Dessa maneira, mudamos a perspectiva: o que temos em comum? Disso que temos em comum – no caso de Brasil, Argentina e Paraguai –, queremos energia elétrica e definição de como essa geração e transmissão de energia nos sirva, e não nos ameace. O ponto em comum: queremos energia. Fica mais fácil superarmos as desconfianças. O que temos em comum é muito maior do que aquilo que nos separa. Afinal, o que nos separa é apenas uma presunção. É o nosso medo. E do medo vem mais medo, e vem a iminência do conflito.

A perspectiva de conflito surge quando temos a percepção de que vamos perder alguma coisa ou que estamos sob ameaça.

Por que isso acontece? Porque há uma disputa. É um atrito que se transforma em conflito: duas forças contrárias se encontram sem que nenhuma delas arrede para dar o espaço à outra.

Quando ajo levando em conta o que tenho contra você, estou orientando toda a minha ação a partir da diferença entre nós, o que é um fato extremamente limitante para que tenhamos uma relação. Isso também acontece inversamente. Só gosto de quem gosta do que eu gosto.

Nós que praticamos Aikidô há muitos anos acabamos desenvolvendo uma "mania". Como diz o nosso Ono Sensei, não gostamos só de praticar, somos quase maníacos pela Arte. Falamos o tempo todo sobre Aikidô, pensamos em Aikidô e muitas vezes selecionamos amigos e atividades sociais que tenham alguma coisa a ver com Aikidô. Vi muitos namoros acabarem porque o aikidoísta se interessa por uma moça que não pratica Aikidô e tenta convencê-la a praticar. Ela vai a algumas aulas e desiste. Não gosta. O namoro dura pouco.

O atrito é a percepção da diferença entre nós. É o ponto onde se realça o que nos separa. Do ponto de vista psicológico, é uma expressão do ego – da nossa identidade em relação à sua identidade. É o espaço de afirmação da nossa autoridade e propriedade. É a casa do conflito.

Um atrito – um ponto de discordância – não é necessariamente algo ruim. Do atrito também surge a luz. Mas, se a fricção continua no intuito de um impor a sua posição ao outro, surge o desgaste recíproco. A luz aparece quando cada um entrega um pouco de si. A entrega abre espaço para uma nova perspectiva, do encontro, surge outro cenário.

Para que o encontro não se cristalize em disputa, e a disputa, em conflito, é necessário manter a vigilância.

O que transforma o atrito na agenda principal é essencialmente o direcionamento do nosso foco de atenção, a valorização de um ponto em detrimento de outro. Portanto, o atrito é uma escolha, assim como a sua escala, o conflito é o reflexo da inabilidade em identificar e fortalecer pontos comuns, o que nos soma.

Se voltamos à cena de *Perfume de mulher* e a nossa personagem, Donna, que confessadamente não sabia dançar tango, pisa no pé do glorioso Al Pacino, o coronel Frank, e este se irrita e para de dançar, nem ela aprende o tango nem ele ensina o tango, nenhum dos dois aproveita o tango. Mas não, ele ri quando ela tropeça e a segura, e os dois seguem dançando, porque, afinal, têm em comum o desejo de bailar. Os descompassos são momentos, não estão em toda a partitura.

Se não vamos deixar de ser quem somos – porque não é uma escolha –, podemos, sim, explorar aspectos nossos que não estimulem a comparação das nossas diferenças ou os embates, que ocorrem em virtude do nosso desejo de nos impor ou de definir o outro.

No confronto de pontos de vista, cada um se serve do seu ângulo de visão, a partir do qual constrói e afirma a sua verdade. Mas, como já aprendemos, não há situação absoluta ou definitiva. Sendo assim, também o que parece ser uma irremediável discórdia pode se tratar apenas de um aspecto irrelevante, apenas momentaneamente importante.

Conheço uma pessoa que é fixada em descobrir defeitos, em tudo! Você pode convidá-la para uma festa, para um passeio no lugar mais bonito da cidade, oferecer um cardápio de *chefs* premiados que ela vai descobrir que falta alguma coisa. "Está tudo muito bom, mas...". Sim, sempre faltará algo. Sempre algo poderia ser melhor ou diferente... Tendo a mantê-la na lista de convidados reservas.

Focar no ponto de atrito significa realçar o que falta, o pequeno deslize, colocando isso no centro do ponto de vista. A alternativa é começar pelo bom, pelo realizado, pelo prazeroso.

Nas discussões entre casais, nas brigas de amigos ou nas avaliações de funcionários, é fácil cair na armadilha de lembrar o que o outro fez de errado, de trazer as mágoas cultivadas com carinho e guardadas para serem lançadas contra o outro no primeiro atrito!

Essas memórias do ruim, do infeliz, do malsucedido, passam a ocupar todo o encontro e é difícil desvencilhar-se dessas diferenças que se tornam, assim, o todo.

O que fazemos com os bons momentos, com os risos, com as pequenas e grandes conquistas realizadas em conjunto? O que fazemos das tristezas compartilhadas, dos esforços, dos suores e das dores vividos em comum? Deixamos para lá... Rígidos, duros, inflexíveis, perdemos a nossa capacidade de circular o nosso eixo, de ampliar a nossa visão. Deixamos de olhar além, de enxergar o todo, de escutar. Perdemos momentaneamente o nosso centro, afinal, qual é o nosso propósito agora? Manter o amigo, comemorar a boda, estimular o funcionário ou firmar a nossa posição, em oposição ao outro?

Esse resgate das mágoas é um dos combustíveis mais eficazes na criação de atritos e de conflitos. Eu me volto àquilo que passou, em relação a que não há o que ser feito, a não ser punir a mim e ao outro, reclamar e me vitimizar, tornando o outro em vilão. E, é claro, como ninguém quer ficar em nenhuma dessas duas posições, começa o combate pelo papel do herói.

Não há salvação se ficamos num tempo distante do aqui, agora. Não há palavras que, enquanto vivemos a nossa experiência, sejam mais importantes que ela própria.

Mesmo nas situações em que o ponto de atrito é imenso – naquelas em que nada de positivo parece existir –, haverá alguma possibilidade para eu encontrar um outro ponto de apoio para me adaptar.

A ocorrência do *tsunami* no Japão em 2011, considerado a maior tragédia natural de todos os tempos, durante o qual teriam morrido vinte mil pessoas, é um exemplo de acontecimento que nos deixa perplexos. Um ano depois, descobrimos que, da brutalidade devastadora, o que surge não é uma rendição do povo, não é uma luta de uns contra os outros, mas a energia da reconstrução. Isso acontece, em primeiro lugar, porque há uma urgência – da Vida em se manter – e, em segundo lugar, porque há um propósito claro de todos – adaptar-se às condições, integrando as dificuldades, sem excluí-las. Surgem iniciativas, desde a realização de eventos esportivos e artísticos para arrecadação de recursos, à organização de entidades para apoio a órfãos, de voluntariado para atendimento psicológico a vítimas.

Focar no circunstancial, excluindo o que está antes e além – ainda que eles sejam atordoantes –, nos faz perder a noção de que todo o acontecimento pertence a um todo maior que aquilo que se revela no instante. Nossas perspectivas diminuem, nossos movimentos se restringem. A vida fica menor.

X. Não há vitória

O que produz uma vitória? Um combate, uma disputa, uma comparação. Quando o atleta sobe no pódio e recebe a medalha de ouro, isso é a comprovação de que ele foi melhor do que todos os outros que estavam na mesma prova que ele.

Se não houve competição, não há vitória.

O fundamento da estratégia do Ki é a adaptação, o resultado, a transformação, não a vitória.

A vitória de alguém exige que alguém tenha sido derrotado.

Em relação à maneira como vivemos, como lidamos com as nossas circunstâncias, não existe uma corrida de obstáculos em que o mais veloz seja reconhecido.

Diferentemente disso, para que eu viva bem, o que conta, de fato, é como realizo o meu propósito, e não contra quem eu o faço.

Nessa perspectiva, isso é possível porque entendo que não tenho a motivação externa para fazer o que faço, mas sou conduzida pelo meu propósito – ele é o meu mestre, o meu guia.

O atleta sobe ao pódio, recebe o ouro e é campeão, mas apenas se a conquista não é obtida porque ele foi melhor que os outros, e sim porque ele superou o seu próprio limite. Ao me manter focada no meu propósito de desenvolver as minhas habilidades e competências, supero as pessoas que também correm comigo a mesma corrida, mas a minha motivação está em mim.

Nas artes marciais, aprendemos que o nosso grande adversário não é o outro, mas nós mesmos. Portanto, se não temos adversários, não temos concorrentes, se não temos concorrentes, não temos disputa, se não disputamos, não vencemos nem perdemos.

Pode parecer o mundo ideal – onde não há competição, onde não há concorrência. Será?

O que é a competição?

Vamos ver duas fábricas de guarda-chuvas, A e B. Ambas fabricam e vendem guarda-chuvas na mesma cidade. O objetivo dessas empresas é vender o maior número possível de guarda chuvas. Ora, mas, na cidade onde moram cem mil pessoas, apenas elas podem comprar guarda-chuvas. Mas, se as duas fábricas, A e B, querem vender o maior número possível de guarda-chuvas, cada uma delas vai lutar para que as pessoas prefiram o seu guarda-chuva. Isso seria competição pelo mercado de compradores de guarda-chuvas entre A e B.

Ou não.

A fábrica A tem, na sua missão, fazer os mais belos, fortes e modernos guarda-chuvas. A fábrica B tem como propósito fazer os guarda-chuvas mais baratos. Ora, as duas fábricas querem que todos os cem mil moradores da cidade comprem os seus guarda-chuvas e, com isso, aumentem os seus lucros. Se, no foco das duas empresas, ficar como o mais importante o aumento de lucros, A e B entram em competição. Perdem de vista o seu propósito. Mas, se A continua dentro da sua missão de fazer os mais belos e modernos guarda-chuvas, poderá ter grande lucro, se as pessoas da cidade quiserem guarda-chuvas belos e modernos, não se importando tanto com o preço. Se os moradores querem guarda-chuvas baratos, B vai vender mais guarda-chuvas.

Mas isso é competição? Quem derrota quem? Derrota aquele que disputa no mesmo foco: o lucro. É a partir daí que se cria a medida do ponto de atrito.

Ninguém vence, ninguém perde, se cada um se mantém fiel a si mesmo. Não há vitória, se permaneço coerente ao meu propósito. Não existe ninguém nem nada a que me comparar.

Dessa maneira, se aceito o que sei e posso, se olho para o que, em mim, posso transformar para realizar a minha missão, toda a minha viagem será feita para potencializar o meu talento. E desenvolvendo a minha natureza divina, não venço ninguém, sou eu mesma.

Este livro foi composto em Fairfield Lt Std Light
para a Leya em março de 2013.